Aux origines de la croissance et du toujours plus

Sciences et Société
fondée par Alain Fuchs et Dominique Desjeux
et dirigée par Bruno Péquignot

Dernières parutions

Mohamad SALHAB, Jean-Claude BEAUNE, Odette BARBERO (dir.), *Enquêtes en technosciences. Réflexions libanaises et françaises*, 2023.
Claudine SCHALCK et Raymonde GAGNON, *Quand déclencher l'accouchement, c'est confisquer la maternité aux femmes. Une analyse psychosociologique du travail des femmes*, 2022.
Jean ORSELLI, *Le mythe des morts prématurées dues à la pollution de l'air. L'exagération officielle des décès dus à la pollution de l'air, au tabac et à l'alcool*, 2022.
Olivier PLESKOFF, *Covid-19, Les avancées de la recherche*, 2022.
Clément MATHIEU, *Triste planète. Dégradations et pollutions : le XXIe siècle est mal parti*, 2021.
Claude ROUGIER, *Verdissement de la planète. L'arbre, la forêt et l'homme*, 2020.
Aurélien FOSSE-KITSAKIS, *L'essence du plaisir, Un essai pour définir la récompense artificielle*, 2020
Michel CARA L, Philippe VAN DE PERRE, Etienne KARITA, Avec la collaboration de Philippe LEPAGE, *L'épidémie de sida occultée en Afrique centrale pendant la décennie 1980. L'évidence scientifique à l'épreuve de la politique*, 2020.
Aurélie CHONE, Isabel IRIBARREN, Marie PELE, Catherine REPUSSARD, Cédric SUEUR, *Les études animales sont-elles bonnes à penser ? Repenser les sciences, reconfigurer les disciplines*, 2020.
Aurélie CHONE, Isabel IRIBARREN, Marie PELE, Catherine REPUSSARD, Cédric SUEUR, *Repenser la relation homme-animal. Généalogie et perspectives*, 2020.
Patrick TRAUBE, *Le monde à l'envers, Un autre regard sur le monde et sur nous-mêmes*, 2020.

Maxime Nechtschein

Aux origines de la croissance et du toujours plus

Une approche thermodynamique du devenir de nos sociétés

L'Harmattan

5-7, rue de l'Ecole-Polytechnique, 75005 Paris
http://www.editions-harmattan.fr
ISBN : 978-2-14-033496-2
EAN : 9782140334962

Prologue

Il y a moins de deux siècles, Victor Hugo déclamait : *« Peuples, Demain n'est pas un monstre qui nous guette Ni la flèche qu'Hier en s'enfuyant nous jette ».*

Cette foi dans l'avenir et le progrès a perduré toute la première moitié du XXe siècle. Un avenir radieux était promis aux jeunes générations. L'Humanité allait poursuivre sa marche en avant commencée depuis la nuit des temps. Mais des vents contraires se sont levés, l'horizon s'est assombri et le doute s'est immiscé dans l'inconscient collectif. Aujourd'hui, il semble bien que l'on puisse inverser le message de Victor Hugo.

Le « monstre qui nous guette », ce sont les catastrophes écologiques, les conflits mondiaux, la montée de la violence et des intolérances.

« La flèche qu'Hier en s'enfuyant nous jette », c'est le dérèglement climatique, les pollutions, le massacre du vivant, les paysages dévastés.

Comment en sommes-nous arrivés là ?

Je vous propose les réflexions d'un chercheur qui par (dé)formation professionnelle tend à modéliser la réalité de manière à faire apparaître des causes profondes mais souvent occultes, sorte de « main invisible » à l'origine de ce que nous sommes advenus, et de ce vers quoi nous nous dirigeons si nous ne dévions pas le cours du fleuve. Pour agir sur le processus, la première étape est de le comprendre. Cet essai propose une grille de lecture axée sur les concepts de la Thermodynamique. Il s'agit d'une présentation schématique, réductrice assurément, dont le but est de dégager des lignes directrices, trop souvent brouillées dans un enchevêtrement d'occurrences, dominantes ou contingentes. En parfaite conscience de l'infinie complexité des phénomènes naturels, il ne s'agit pas de faire des principes thermodynamiques l'alpha et l'oméga des explications du monde, mais de les replacer comme toile de fond dans le décor du grand théâtre de l'évolution.

Nous avons dévoré en quelques dizaines d'années une bonne partie des réserves d'énergie que la nature avait accumulées pendant des centaines de millions d'années. Cette *énergie* a décuplé, centuplé notre pouvoir de prédation sur la planète. Pourquoi cette voracité, bien spécifique de notre espèce, qui nous conduit vers un avenir apocalyptique ?

Programmés pour survivre dans le cadre de la sélection naturelle, les organismes vivants ont développé des capacités de domination sur l'environnement qui leur permettent de perdurer et de se développer. Homo sapiens est l'espèce qui a su exploiter cette aptitude de prélèvement non seulement pour se maintenir, mais pour croître à une vitesse accélérée. Entraînés dans une course aveugle au *toujours plus,* nous commençons à percevoir que la croissance va percuter le mur des limites de la planète. Notre programmation initiale pour survivre dans un contexte de pénurie nous dirige vers un avenir intenable. Une incohérence tragique, qualifiée de « bug humain » par Sébastien Bohler[1].

Mais le problème se situe peut-être en amont. Pourquoi avoir fait émerger la vie et pourquoi vouloir l'entretenir ? Quelle force mystérieuse a engendré la vie, de quelle cause supérieure la course au *toujours plus* est-elle l'agent ?

Cet essai pointe le rôle sous-jacent, mais néanmoins déterminant, de l'*entropie*. Cette grandeur du domaine de la Thermodynamique nous renseigne sur le degré de désordre d'un système. À l'échelle globale de l'Univers, elle ne peut que croître, car tendre vers le maximum d'*entropie* signifie

---

[1] Sébastien Bohler, *Le Bug humain*, Robert Laffont, 2019.

aussi aller vers l'état le plus probable. Ce qui donne une orientation au chemin de l'évolution. Mais la marche vers cet horizon a besoin de l'*énergie*, le carburant de tout mouvement. L'*énergie* propulse les éléments et l'*entropie* les guide vers leur destination.

Ainsi, les étoiles apparurent, la vie émergea et des sociétés humaines ont prospéré. Homo sapiens, nous avons très largement profité de cette trajectoire vers *le plus probable* et *le toujours plus*, mais aujourd'hui cette déambulation insouciante nous dirige vers un avenir redoutable.

1

De l'énergie avant toute chose

Que ce soit dans la *Genèse* sous forme de lumière, ou lors du Big-Bang, possiblement sous la forme de gravité répulsive, le rôle primordial de l'*énergie* est unanimement reconnu. Mais cette reconnaissance est surtout d'ordre cérébral. Il faut que les sources de pétrole soient entravées, comme durant les deux crises des années 70, ou tout récemment quand Poutine nous coupe le gaz, ou lorsque de longues queues se forment devant les stations d'essence, pour que nous prenions conscience du rôle concret de l'*énergie* dans la survie de nos civilisations. L'équation est très simple : sans *énergie*, tout s'arrête, c'est la mort ! L'*énergie* est au-dessus des idéologies et des valeurs. On a vu les présidents Biden et Macron s'incliner devant un assassin pour gagner quelques barils de pétrole ! C'est qu'en effet le maintien d'un maximum de flux énergétique dans nos sociétés thermo-industrielles est une priorité absolue. Les droits de l'Homme peuvent parfois influencer les lois humaines, mais ils sont impuissants devant les lois de la Thermodynamique.

L'*énergie* est au cœur des problèmes de nos sociétés. Sans l'*énergie*, qui originellement venait exclusivement du Soleil, l'Humanité n'existerait pas. Dès lors peut-on dissocier l'histoire des sociétés humaines de l'histoire de l'*énergie* qu'elles consomment ? Il importe de comptabiliser la quantité d'*énergie* qui a nourri l'Humanité au cours des âges, afin d'en comprendre les grandes mutations. Parallèlement, on doit prendre en compte comment cette *énergie* a été répartie dans les différentes couches sociales, ainsi que la manière dont la dissipation du flux énergétique a été maximisée.

Énergies humaines, énergie solaire

Il convient en premier lieu de nourrir en *énergie* le composant de base des sociétés, c'est-à-dire l'individu humain. L'*énergie* du *métabolisme de base*, c'est-à-dire ce qui est nécessaire pour maintenir l'individu en vie, varie bien sûr d'un sujet à un autre. Elle dépend notamment du sexe, de la morphologie et de l'âge. L'*énergie* est apportée par la nourriture, qui est de l'*énergie* chimique, une *énergie* dérivant de l'*énergie solaire* via la photosynthèse. « Donnez-nous aujourd'hui notre pain quotidien » est une prière pour ce qui est essentiel à l'existence. Cette *énergie* de base est de l'ordre de 1600 kcal/jour, valeur moyenne pour l'ensemble des humains. Cet « essentiel », ou *métabolisme de base*, a vraisemblablement assez peu évolué au cours des âges. Par contre, l'*énergie* réellement ingérée par les humains, que l'on nommera simplement *énergie humaine*, varie grandement en fonction des époques, des civilisations et des classes sociales. Il est cependant admis que celle-ci est aujourd'hui de l'ordre de 2500 kcal/jour. Il ne s'agit que d'une valeur très approximative censée représenter une moyenne sur l'espèce humaine. Après avoir transité dans le corps humain, environ 80 % de cette *énergie* (soit une puissance de l'ordre de 100 W) est rejetée dans l'environnement sous une forme dégradée en chaleur. Entre-temps, au cours de sa traversée du corps humain, le flux d'*énergie* aura assuré le maintien en vie de l'individu, ce qui est une opposition à l'augmentation générale de l'*entropie*. De plus, environ 10 % ont été transformés en *énergie libre*, disponible pour marcher, porter des pierres, courir après une proie, creuser un canal… Nous la nommons *énergie humaine utile*.

Le passage à une nourriture carnée, puis la maîtrise du feu ont permis d'améliorer considérablement la teneur énergétique des aliments. Des humains mieux nourris, et donc plus forts, ont eu la capacité de prélever davantage sur l'environnement. On assiste ainsi au déclenchement d'un cercle vertueux qui a permis aux chasseurs-cueilleurs de devenir les solides gaillards dévoilés par les paléontologues. Aujourd'hui, la situation est extrêmement contrastée. Alors que 10 % des humains souffrent de la faim, et ne recueillent donc pas le *métabolisme de base*, la même proportion est obèse. De nombreux pays, dont les États-Unis, atteignent des proportions d'obésité comprises entre 30 et 50 % de leur population. L'obésité est le signe des effets délétères d'une surconsommation énergétique, de même que le dérèglement climatique est le résultat de la surconsommation des *énergies fossiles*.

Pendant l'immense majorité de son histoire, ce que nous avons nommé l'*énergie humaine utile* a été la seule *énergie* motrice dont a disposé l'Humanité.

Pour Quesnay et les physiocrates la « terre est l'unique source de richesses et c'est l'agriculture qui les multiplie ». Une manière de reconnaître que la création de richesses provient de l'*énergie*, et du travail humain qui permet de capter cette *énergie*. « Toute l'*énergie* actuellement en action sur terre est de l'*énergie solaire* transformée », écrivait Engels[1]. La terre, par l'intermédiaire des plantes, dérivées de la photosynthèse, est une sorte d'éponge permettant de capter l'*énergie solaire*. La photosynthèse permet aux plantes, grâce à l'apport énergétique des photons solaires de combiner des molécules d'eau et de CO_2 présentes dans l'atmosphère pour former des sucres. Ces sucres, en réaction avec l'oxygène de l'air, peuvent ensuite être brûlés et fournir de l'*énergie*. Ils servent en quelque sorte à stocker de *l'énergie* d'origine solaire. Pour vivre, les animaux, dont

[1] Friedrich Engels, *Dialectique de la nature*

les hommes, dégradent cette *énergie* en chaleur. Seule une petite partie peut être convertie en travail. Dès le XIXe siècle, l'Ukrainien Sergueï Podolinsky avait posé la question de la durabilité de l'espèce humaine en termes énergétiques. Il fut le premier à considérer le travail humain comme une manière d'accroître le rendement de la captation d'*énergie solaire*[1]. Comme en moyenne *l'énergie humaine utile* représente environ 10 % de l'*énergie* captée par les hommes pour se nourrir, pour que la survie de l'Humanité soit assurée il faut que chaque joule de travail humain permette de capter 10 joules d'*énergie solaire*. En comparant le gain en valeur énergétique que la culture d'un champ permet d'obtenir à *l'énergie humaine utile* qu'il a fallu dépenser, Podolinsky arrivait à la conclusion que chaque joule d'*énergie humaine utile* dépensée en cultivant un champ permettait d'en obtenir 40 fois plus. On notera que cette estimation date d'avant la révolution agricole, qui a fait exploser les rendements.

L'histoire des hommes peut être décrite comme une histoire des rendements de captation de l'*énergie solaire*. Un rendement qui, depuis les chasseurs-cueilleurs jusqu'à notre Terre à 8 milliards de Terriens, s'est accru de deux à trois ordres de grandeur (mais au détriment des sols, objets d'une stérilisation progressive).

Énergies extrahumaines

La maîtrise du feu, apparue il y a entre 600 000 et 2 millions d'années, a été la première *énergie extra-humaine*. La conversion en chaleur de l'*énergie* chimique contenue dans le bois et autres hydrocarbures a joué un rôle majeur dans l'hominisation de notre lignée. Depuis

[1] René Passet, *Les grandes représentations du monde et de l'économie*, Les liens qui libèrent, 2010

quelques milliers d'années, les hommes ont commencé à exploiter d'autres sources d'*énergie extrahumaine*. Faisant appel d'abord au travail des animaux (bœufs, chevaux, éléphants...), puis à l'*énergie* du vent avec les moulins à vent et les bateaux à voile, à l'*énergie hydraulique* avec les moulins à eau, au bois pour le chauffage... Remarquons que toutes ces *énergie*s sont issues du rayonnement solaire. Les animaux se nourrissent d'herbe, qui pousse grâce à la photosynthèse activée par les rayons solaires. Le vent tend à compenser des différences de pression atmosphérique dues à des échauffements solaires déséquilibrés. Les cours d'eau, d'où l'on extrait *l'énergie hydraulique*, sont alimentés par la pluie, laquelle ne pourrait arroser nos territoires sans la chaleur solaire qui a initialement permis l'évaporation de l'eau des mers. Puis les *énergies extrahumaines* ont explosé avec l'exploitation des *énergie*s *fossiles*, lesquelles sont aussi d'origine solaire, mais après une accumulation pendant des centaines de millions d'années dans les entrailles de la Terre. Seule l'*énergie nucléaire*, et aussi à titre anecdotique l'*énergie* des marées et la géothermie, ne sont pas d'origine solaire.

Aujourd'hui, avec les *énergies extrahumaines*, la consommation annuelle mondiale d'*énergie* est d'environ 6×10^{20} joules. Ce qui, en moyenne par Terrien — pour autant que prendre une moyenne par Terrien ait un sens vu l'extraordinaire disparité entre ceux qui voyagent en jets privés et ceux qui ont juste de quoi survivre —, donne une consommation de 60 kilowattheures par jour. Soit environ 20 fois l'*énergie* alimentaire consommée par les humains, ce que nous avions désigné par *énergie humaine*. Par rapport à l'époque où les hommes ponctionnaient leur environnement essentiellement pour se nourrir l'impact de chaque individu est aujourd'hui 20 fois plus important. Par ailleurs, entre la révolution néolithique et aujourd'hui, la population mondiale a été multipliée par 1000. L'impact de l'Humanité sur la planète a donc été multiplié par 20 000.

Une autre indication concerne le pouvoir d'action de chaque humain. Avant l'utilisation des *énergies extrahumaines*, ce pouvoir était essentiellement *l'énergie humaine utile*. Celle-ci étant d'environ 10 % de *l'énergie humaine*, on peut considérer que l'exploitation des *énergies extra-humaines,* et principalement les *énergie*s *fossiles*, a multiplié par 200 en moyenne, la puissance d'intervention de chaque individu, ou pour reprendre l'image de certains auteurs, on peut dire qu'en moyenne chaque humain dispose de 200 esclaves mécaniques.

Énergies et sociétés

Du point de vue de ses rapports à l'*énergie*, on peut distinguer quatre périodes dans l'histoire de l'Humanité. Elles sont de longueurs très inégales, deux appartiennent au passé, l'une est actuelle et la quatrième est une projection dans le futur.

- Les ***chasseurs-cueilleurs*** ont représenté le mode d'existence des espèces Homo pendant environ deux millions d'années, jusqu'à la révolution néolithique. Les besoins en nourriture étaient satisfaits en puisant directement dans le milieu naturel.
- De la révolution néolithique à la révolution industrielle, sur une centaine de siècles, *la **période agraire*** avec ses régimes féodaux, a été le mode dominant. Période que l'on peut caractériser par la sédentarisation des humains, la constitution de stocks et la soumission à une religion et à un monarque.
- Puis avec l'exploitation des *énergies fossiles* la consommation d'*énergie* a explosé, gavant le *capitalisme* qui, pendant une poignée de siècles, aura été le moteur et le grand profiteur de la croissance.

- Enfin dans l'inéluctable période de la ***post-croissance***, l'Humanité devra trouver un équilibre entre la maximisation du flux énergétique, imposé par la Thermodynamique, et les impératifs écologiques, conditions de sa survie.

On peut noter que Daniel Cohen présente la même répartition en classant les types de sociétés suivant deux axes : hiérarchique/égalitaire et religieux/laïque.

Ce qui conduit aux quatre combinaisons :

- égalitaire/religieux,
- hiérarchique/religieux,
- hiérarchique/laïque,
- égalitaire/laïque[1] .

On retrouve par cette classification les civilisations de chasseurs-cueilleurs, agraire, capitaliste et de post-croissance. Pour Daniel Cohen, la 4e civilisation est la civilisation numérique. Il semblerait que le caractère religieux soit associé à des sociétés à faible *énergie* (chasseurs-cueilleurs et agraire). Ce qui pourrait signifier qu'avec une *énergie* abondante les hommes réalisent leurs rêves prométhéens et n'ont plus besoin de Dieu. Cependant on constate que les sociétés les plus gavées en *énergie* — Émirats arabes unis, Arabie saoudite, on pourrait ajouter les États-Unis — sont aussi les plus religieuses. En ce qui concerne la 4e civilisation, si le numérique y jouera un rôle important, la confrontation à une *énergie* décroissante y sera probablement l'élément le plus structurant.

La puissance réelle d'un pays se mesure à la quantité *d'énergie* dont il dispose. Elle devrait être quantifiée, non pas en Dollars ou en Euros, mais en joules. Le Qatar, petit territoire de 4 millions d'habitants, tout en bafouant les droits de l'Homme et pratiquant la corruption à grande échelle, est un pays respecté et courtisé, grâce à ses immenses réserves de pétrole et de gaz. Les maîtres de la

---

[1] Daniel Cohen, *Homo Numericus*, Albin Michel, 2022.

Corée du Nord, dictature hargneuse et belliqueuse, parviennent à se maintenir grâce aux gigajoules potentiels de leurs bombes atomiques.

L'*énergie* est ce qui a permis aux humains de se distinguer des vivants non humains, de les dominer, de les assujettir. Elle peut dériver de trois catégories :

– en premier lieu *l'énergie* qui est consommée et qui participe directement au PNB et à la prédation de la planète (6×10^{20} joules annuellement).

– *l'énergie* contenue dans les réserves fossiles et d'Uranium, soit un peu moins d'un siècle d'utilisation en supposant le maintien de la consommation actuelle.

– *l'énergie* potentielle des bombes et ogives nucléaires possédées par une dizaine de pays. Les quelque 10 000 têtes nucléaires stockées par les principales puissances dites « nucléaires » pourraient dissiper en une fraction de seconde une quantité d'*énergie* supérieure à ce qui est mondialement consommé en une année.

L'*énergie extrahumaine*, responsable des dégâts de l'Anthropocène en quelques siècles, a la possibilité d'anéantir la biosphère en moins d'une journée.

2

L'Entropie en quelques mots

Il ne fait pas de doute que l'eau de la rivière va vers la mer. Même s'il peut lui arriver, en traversant des zones presque plates, de se prélasser au soleil et d'oublier son destin final. Les gouttes d'eau n'en ont probablement pas conscience, mais leur destination est scellée par la force de gravité.

« Tant va la cruche à l'eau qu'à la longue elle se casse » nous dit le dicton. Il est probable qu'un jour ou l'autre, demain ou dans plusieurs siècles, ce vase sera brisé. Puisqu'il est absolument inenvisageable que les morceaux puissent d'eux-mêmes reconstituer un vase, le destin du vase, selon toute probabilité, est de terminer en morceaux, puis en poussière. Et nous-mêmes, pauvres mortels, avons la même destinée que le vase.

Nous sentons bien que les évènements se déroulent dans un certain sens. Quelle est la force qui agit pour que ces objets bien alignés sur mon bureau se retrouvent dans des positions aléatoires quelques jours plus tard ? À vrai dire il ne s'agit pas d'une force (comme la force de gravité qui dirige les rivières vers la mer), mais d'une simple question de probabilité. Sans une intervention extérieure, il n'y aurait eu aucune raison, ou plutôt une probabilité infime, pour que ces objets fussent alignés. Sans une intervention extérieure pour les maintenir alignés et sous l'action de divers aléas lesdits objets perdront leur alignement. Tout simplement parce que l'alignement est une situation a priori extrêmement improbable.

Entropie, désordre et probabilité

Si « on laisse faire » l'évolution se fera de l'ordre vers le désordre, tout simplement parce que l'ordre est improbable. Trouver un cairn sur son chemin en traversant le désert nous indique que des voyageurs sont déjà passés par là, car la probabilité pour qu'il se soit constitué par hasard est quasi nulle. « Avec le temps, va, tout s'en va », chantait Léo Ferré. Il ne faisait que reconnaître l'augmentation inéluctable de l'*entropie* du monde. Avec le temps, tout ce qui s'écarte, tant soit peu, de la normalité, tout ce qui affiche un peu d'originalité, finira par disparaître et se fondre dans une mer indifférenciée. Tout simplement parce que toute singularité est moins probable que la conformité. En stipulant que dans un *système fermé* l'*entropie* ne peut que croître, le deuxième principe de la Thermodynamique ne dit pas autre chose.

L'*entropie* d'un système est le nombre de manières d'assembler les éléments de ce système pour obtenir le même état global. Ainsi, supposons que l'on jette au hasard, depuis un hélicoptère, des briques sur un terrain. Ces briques retomberont très généralement « pêle-mêle ». La probabilité pour qu'elles forment un mur en retombant est infime, mais pas rigoureusement nulle. Supposons que l'on puisse faire cette opération des milliards et des milliards de fois et que l'on classe le résultat de chaque déversement de briques selon deux colonnes : « pêle-mêle » et « mur ». L'*entropie* de l'état « pêle-mêle » est le nombre de fois que la colonne « pêle-mêle » aura été cochée [en réalité le logarithme de ce nombre]. De même, l'*entropie* de l'état « mur » mesure le nombre de fois que la colonne « mur » aura été cochée. Des probabilités immensément plus faibles que pour la colonne « pêle-mêle ». L'*entropie* est très faible dans l'état « mur », tandis qu'elle est très élevée dans l'état « pêle-mêle », c'est-à-dire l'état désordonné. Supposons que, suite à un hasard extraordinaire, un mur ait été formé (faible *entropie*). Au cours des années, ce mur laissé sans entretien finira par se dégrader et ses briques rejoindront l'état pêle-mêle (forte *entropie*). Le second principe, qui dit que l'*entropie* d'un système fermé ne peut qu'augmenter, énonce simplement que le système évolue vers l'état le plus probable, ce qui est une banalité. La précision « dans un système fermé » signifie que le système est isolé. Il ne peut rien échanger avec l'extérieur (le mur est laissé à l'abandon).

Prenons un autre exemple. Il est maintenant bien admis que le réchauffement climatique provient de l'effet de serre qui est dû principalement aux molécules de CO_2 répandues dans l'atmosphère. L'atome de Carbone dans CO_2 était initialement prisonnier dans une macromolécule d'hydrocarbure, laquelle était insérée sous terre dans une couche de charbon ou de pétrole. Les degrés de liberté de cet atome étaient très limités, l'*entropie* des atomes de Carbone était très faible. Après combustion de l'hydrocarbure, les atomes de Carbone se retrouvent dans des molécules de CO_2 à l'état gazeux. Ils peuvent être n'importe où dans l'atmosphère terrestre. Ils ont gagné un facteur énorme en degré de liberté, en nombre de configurations possibles et donc en *entropie*. En poussant les hommes à brûler les hydrocarbures des *énergies fossiles*, et par là même à envoyer du CO_2 dans l'atmosphère, l'*entropie* a bien fait son travail. Les atomes de Carbone sont dans une situation beaucoup plus probable que lorsqu'ils étaient concentrés sous terre. Le réchauffement climatique est bien un problème lié à l'*entropie* comme l'a remarqué Guy Deutscher[1].

[On notera que la réalisation de cette situation « la plus probable » était extrêmement improbable ! Il y a 66 millions d'années, les atomes de Carbone qui se trouvaient attachés à des hydrocarbures quelque part dans des

[1] Guy Deutscher, *Entropy and Sustainable Growth*, World Scientific, 2018.

couches de charbon ou de pétrole, auraient pu y rester encore des centaines de millions ou des milliards d'années. Mais il advint, suite à un hasard extraordinaire, qu'une grosse météorite percuta la Terre, provoquant un effroyable cataclysme. Une grande partie des animaux furent anéantis, et en particulier les grandes espèces, dont les dinosaures. Après une période de latence de quelques millions d'années, la vie reprit son foisonnement avec l'apparition de petits mammifères que la présence des dinosaures avait empêché d'exister. Les hominidés furent les descendants de ces petits mammifères, quelques 50 millions d'années plus tard. Enfin arriva Homo sapiens, l'espèce la plus créative, qui finit par découvrir les nappes d'*énergies fossiles*, les exploiter, les consumer et les rejeter dans l'atmosphère sous forme de CO_2. Un bel exemple de « hasard et nécessité », qui illustre le rôle de la contingence dans la marche ascensionnelle de l'*entropie*.]

Ces exemples nous permettent de préciser quelques propriétés de l'*entropie*. L'*entropie* est le nombre de manières d'assembler les éléments d'un ensemble. Encore faut-il préciser le type d'assemblage que l'on considère. Ainsi avec l'exemple des briques lâchées au hasard sur un terrain, nous avons envisagé deux types d'assemblage : « pêle-mêle » et « mur ». Il est clair que moins la définition de l'assemblage est précise – donc plus loin nous serons d'un arrangement ordonné – plus il y aura de possibilités de le réaliser, donc plus grande sera l'*entropie*. Par ailleurs, on conçoit que le nombre d'arrangements possibles augmente avec le nombre d'éléments. Il y a beaucoup plus de dispositions possibles pour les mille morceaux de la cruche brisée que lorsqu'ils ne faisaient qu'un seul élément, avant la chute de la cruche. Enfin, même à nombre d'éléments constant, le nombre d'arrangements possibles dépend du nombre de cases disponibles, donc du volume dans lequel se déploient les éléments. Le principe de croissance de l'*entropie* exprime que ces différents paramètres ont une probabilité immensément plus grande de croître, plutôt que l'inverse. On n'a jamais vu les morceaux d'une cruche brisée reconstituer la cruche sans une intervention extérieure, les molécules d'un gaz s'auto-confiner dans un coin du récipient qui les contient, ou des pierres se réunir spontanément pour former un cairn. Le chemin vers une plus grande probabilité est aussi celui de la « flèche du temps », qui exprime l'irréversibilité des processus à l'échelle macroscopique. Il y a une « flèche du temps » parce que, n'étant pas capables de distinguer entre les myriades de configurations « pêle-mêle », nous les mettons toutes dans la même catégorie. Alors, bien sûr, il est considérablement plus probable de voir évoluer un système d'une configuration donnée, très particulière, vers un ensemble composé d'un très grand nombre de configurations, que l'inverse.

Entropie et énergie

L'*entropie* est une grandeur qui a été initialement introduite en liaison étroite avec l'*énergie* par le physicien allemand Rudolf Clausius (1865), faisant suite aux travaux de Sadi Carnot (1824). « C'est à dessein, écrivait-il, que j'ai formé ce mot *entropie*, de manière qu'il se rapproche autant que possible du mot *énergie*, car ces deux quantités ont une telle analogie dans leur signification physique qu'une certaine analogie de dénomination m'a paru utile ». L'*entropie* renseigne sur le fait que toute l'*énergie* contenue dans un système n'est pas disponible en *énergie libre*, c'est-à-dire en *énergie* pouvant accomplir un travail, par exemple déplacer un objet. Plus l'*entropie* est élevée, plus faible est l'*énergie libre*, et comme l'*entropie* ne peut que croître d'après le second principe (progression vers la situation la plus probable), l'*énergie libre* ne peut que décroître. Elle se dégrade en chaleur, dégradation aussi nommée *dissipation.*

On peut se rendre compte que cette diminution de l'*énergie libre* est bien reliée à la montée du désordre. Considérons par exemple une voiture en mouvement. Les différentes molécules constituant la voiture ont des mouvements tous azimuts correspondant à l'agitation thermique, mais il y a en plus une composante non nulle de ces mouvements dans le sens du déplacement de la voiture. Supposons maintenant que l'on freine. La composante des vitesses dans le sens de la marche s'annule. Les disques de frein s'échauffent. L'*énergie cinétique*, qui était de *l'énergie libre*, se transforme en chaleur. Il y a plus d'agitation thermique, plus de mouvements désordonnés, donc plus d'*entropie*. L'*énergie* s'est dégradée, le désordre et l'*entropie* ont augmenté. Ainsi, aussi bien dans le cas de la disposition d'objets que de l'*énergie*, la croissance de l'*entropie* signifie que l'on va vers des états de plus en plus désordonnés et de plus en plus probables.

La notion d'*entropie* avait été anticipée par Carnot à l'occasion de ses réflexions sur les machines thermiques. Réduite au schéma le plus simple, une machine thermique consiste à faire transiter une quantité de chaleur entre une source chaude et une source froide, en récupérant un certain travail. En notifiant que la chaleur ne pouvait pas spontanément aller de la source froide vers la source chaude Carnot anticipait le principe de croissance de l'*entropie*. Cependant la remontée de la chaleur de la source froide vers la source chaude, donc une baisse de l'*entropie*, n'est pas totalement impossible. Pour cela, il faut fournir du travail au système (plutôt que d'en recueillir). Le dispositif de la machine thermique fonctionne alors en pompe à chaleur. Ainsi avec un apport extérieur d'*énergie*, il est possible de faire baisser l'*entropie*. Cette possibilité sera développée dans le chapitre suivant.

Source chaude et source froide sont en fait des sources de forte et faible *entropie*. Reprenons le problème du CO_2 répandu dans l'atmosphère. On peut y distinguer un état de faible *entropie* (les atomes de Carbone confinés en certains lieux) et un état d'*entropie* élevée (les molécules de CO_2 dispersées dans l'atmosphère). Pour faire baisser la concentration des molécules de CO_2 serait-il possible de relocaliser ces molécules en faisant fonctionner le système en pompe à chaleur ? C'est ce que proposent les projets de captage du CO_2. Une telle opération de réduction de l'*entropie* demanderait évidemment un apport d'*énergie*. Guy Deutscher a proposé une évaluation de cet apport[1]. Le résultat est affligeant : pour relocaliser le Carbone émis dans l'atmosphère par l'utilisation des *énergies fossiles*, il faudrait y consacrer une quantité d'*énergie* équivalente à celle tirée de leur combustion ! Un constat qui invaliderait les projets de captage du CO_2.

Entropie et information

Utilisons le même exemple des molécules de CO_2 dispersées dans l'atmosphère pour introduire la parenté entre les notions d'*entropie* et d'information. Pour trouver un atome de Carbone attaché à un hydrocarbure dans une nappe de pétrole quelque part en Arabie Saoudite, il faut définir la position de cette nappe de pétrole, soit ses coordonnées en longitude et latitude. Supposons que la nappe de pétrole soit un carré de 40 km de côté, c'est-à-dire 1/1000 de la circonférence terrestre. Sa localisation revient à définir un point parmi 1000 x 1000 possibilités. Ce qui représente une certaine quantité d'information. Lorsque les atomes de Carbone se retrouvent n'importe où dans

[1] Guy Deutscher, *Quelle croissance pour un monde fini ?* EDP sciences, 2017.

l'atmosphère, l'information nécessaire pour trouver un atome de Carbone s'est considérablement réduite. Simultanément, l'*entropie* a augmenté. Réciproquement, lorsque l'information augmente, l'*entropie* diminue. On peut introduire la *néguentropie* (l'*entropie* avec un signe moins devant), qui elle augmente avec l'information.

Entropie et lumière

Dans un ouvrage récent, David Elbaz nous propose un scénario qui fait jouer le premier rôle à la lumière, c'est-à-dire aux photons[1]. L'Univers a une propension irrésistible à faire croître le nombre de photons. Cette tendance à la prolifération de la lumière a guidé le sens de l'évolution de l'Univers du Big-Bang à l'apparition de la vie. Il s'agissait de produire le maximum de photons. « L'Univers se comporte comme s'il répondait à un principe premier que nous pourrions qualifier de principe de *photolifération* ». Elbaz ajoute : « et cela tout en respectant le principe de croissance de l'*entropie* ». Il y aurait donc deux principes premiers : la croissance de l'*entropie* et la « photolifération » ! En fait ces deux processus se rejoignent, car multiplier le nombre de photons revient à augmenter l'*entropie*. Plus il y a d'objets, plus il y a de degrés de liberté. De même que l'*entropie* de la cruche augmente lorsqu'elle se brise en mille morceaux. Au fur et à mesure de leur multiplication, les photons perdent de l'*énergie*. Un photon solaire arrivant sur terre produit 20 nouveaux photons, mais ceux-ci sont 20 fois moins énergétiques. En fin de course, la lumière est émise dans la gamme de l'infrarouge et correspond à de la chaleur. C'est une *dissipation* d'*énergie*. Les photons peuvent se scinder et produire plusieurs photons d'*énergie* plus basse, mais *on n'a jamais*

---

[7] David Elbaz, *La plus belle ruse de la lumière*, Odile Jacob, 2021.

vu deux photons fusionner pour créer un photon plus énergétique. Ainsi la « photolifération » est une manière d'aller vers le plus probable. « Propension à la prolifération de lumière » et « maximisation de la dissipation d'*énergie* » sont deux approches de la même réalité, qui est *une marche vers le plus probable.*

Entropie et activités humaines

Une image couramment utilisée pour illustrer l'augmentation de l'*entropie* est celle d'une certaine quantité de gaz qu'on libère soudainement dans un grand espace. Les molécules gazeuses se déploient immédiatement de manière à occuper tout l'espace. Comme nous l'avons développé à propos des molécules de CO_2 dispersées dans l'atmosphère terrestre, en emplissant tout l'espace disponible, les molécules se conforment à la situation la plus probable, en d'autres termes au maximum d'*entropie*.

L'homme est un animal curieux, imaginatif, inventif. Dans chaque situation nouvelle, il a une faculté exceptionnelle pour explorer toutes les possibilités. Ce qui lui permet de découvrir et sélectionner les meilleures solutions. Toute l'avancée humaine sur la trajectoire qu'on appelle « le progrès » repose sur une démarche préalable d'essais tous azimuts. Ainsi furent sélectionnées les meilleures méthodes de chasse et les meilleures plantes à cultiver. Aujourd'hui l'inventivité humaine explose en un gigantesque bouquet aux ramifications multiples. Huit milliards d'individus ajoutent et multiplient leurs expériences. Il suffit de parcourir les allées d'un centre commercial pour voir l'extraordinaire variété de produits offerts au consommateur, de déambuler dans un centre d'Art pour apprécier l'imagination inépuisable des artistes, de surfer sur internet et les réseaux sociaux pour réaliser l'incroyable diversité des connaissances et commentaires. Il semble qu'il n'y ait pas de limites à l'imagination humaine qui, après la conquête du réel, s'est lancée dans l'exploration du monde virtuel et des métavers. La recherche fondamentale se déploie tous azimuts, avec pour motivation de trouver des zones encore vierges de toute exploration humaine. Ce qui rappelle les molécules gazeuses se propageant avec le seul critère que la nouvelle position ne soit pas déjà occupée par une autre molécule. Notons que le développement de la recherche fondamentale est plus restrictif, car il faut trouver des cases non seulement inoccupées, mais encore jamais visitées par le passé. De même, les idées et les réalisations humaines, qui se répandent dans l'immensité des possibles, ont une certaine analogie avec la diffusion des molécules gazeuses s'empressant d'envahir tout l'espace qui leur est offert, et de tendre ainsi vers le maximum d'*entropie*. Mais il y a des différences notoires.

D'une part, contrairement aux molécules gazeuses, *les idées et réalisations humaines ont une Histoire.* L'invention du char à bœufs est survenue après celle de la brouette et le cubisme est postérieur à l'impressionnisme. Les sciences, les technologies, les modes de production suivent des évolutions qui s'apparentent à la sélection naturelle. Si toutes les voies d'expansion peuvent être sondées, seules les plus *efficaces* sont retenues. En anticipant sur des notions qui seront développées au chapitre suivant, précisons que *l'efficacité* est liée à la dissipation d'*énergie* impliquée dans le processus. Quant aux idées, a priori sans pesanteur et « libres comme l'air », elles se développent aussi dans un contexte civilisationnel et historique, dont elles sont le reflet. Elles ont donc une attache au processus de sélection naturelle qui guide l'évolution des sociétés. Elles se déploient avec des contraintes qui rendent leur marche plus conforme à une propagation fractale qu'à une diffusion gaussienne.

D'autre part, avec le développement des sociétés, on connaît une augmentation des connaissances, c'est-à-dire de l'information, et donc de la *néguentropie*. À l'opposé des molécules gazeuses, l'expansion des activités humaines fait croître la *néguentropie* et non l'*entropie* (au moins en ce qui concerne l'intérieur de la boîte Humanité).

***

Le second principe de la Thermodynamique — l'*entropie* ne peut que croître — est un problème de statistique, comme l'avait compris Boltzmann. Il peut se traduire par « *Aller vers le plus probable* ». Ce qui est une injonction triviale. À vrai dire, c'est plutôt une non-injonction, une absence d'injonction. Tout se passe comme si une des grandes directives qui semble guider l'évolution du monde était justement une absence de directive ! Nous ne discuterons pas des implications téléologiques de cette affirmation. Rappelons simplement que Montesquieu écrivait : « Ceux qui ont dit qu'une fatalité aveugle produit tous les effets que nous voyons dans le monde ont dit une grande absurdité : car quelle plus grande absurdité qu'une fatalité aveugle qui aurait produit des êtres intelligents ». Et pourtant !

3

Entropie et « toujours plus »

Ainsi que l'avaient noté William Thomson et Rudolf Clausius, « progressivement l'Univers se refroidit, s'homogénéise, se désorganise, se déstructure ». Il tend vers « une mort thermique ».

De Carnot à Prigogine : les structures dissipatives

Nous percevons cependant que la marche inéluctable vers le désordre et la décomposition n'est pas le seul aspect de la réalité du monde. À l'opposé, on constate conjointement une formidable marche vers la complexité et la sophistication, qui depuis le Big-Bang et la soupe indifférenciée de particules primaires nous a conduits aux galaxies, aux étoiles, aux planètes, à la synthèse des éléments chimiques, aux organismes vivants, aux humains et aux sociétés humaines. On pourrait dire aussi : d'un côté la marche inéluctable vers la mort, et de l'autre l'émergence prolifique de la vie. Ce que Bergson désignait par « l'élan vital ». D'un côté l'accroissement implacable de l'*entropie*, c'est-à-dire la progression imparable vers un monde inerte et uniformisé, et en même temps l'apparition de structures totalement improbables et témoignant d'une baisse prodigieuse de l'*entropie* (ou gain de *néguentropie*). Comment ces deux réalités absolument antinomiques peuvent-elles cohabiter ? Le second principe de la Thermodynamique serait-il pris en défaut ?

Brian Greene nous décrit la situation[1] : « De façon aussi surprenante que remarquable, l'existence de régions contenant de l'*énergie* et de l'ordre concentré est une conséquence naturelle du fait que l'univers se plie avec discipline au second principe et devient chaque jour plus désordonné. En effet, de telles poches d'ordre s'avèrent constituer des catalyseurs qui, sur le long terme, aident l'univers à atteindre son potentiel entropique ».

Mais alors par quel mécanisme des zones d'ordre localisé favorisent-elles la croissance globale du désordre ?

Nous avons souligné que le second principe de la Thermodynamique s'applique à un système isolé, c'est-à-dire n'échangeant ni matière ni *énergie* avec l'extérieur. Or la plupart des systèmes qui nous entourent ne sont pas isolés. Ce sont des *systèmes ouverts*. Un système traversé par un flux d'*énergie* se trouve hors d'équilibre. Il n'est pas soumis au second principe. Par contre, à un niveau supérieur qui inclut le système considéré *et* le flux d'*énergie*, le second principe doit être respecté.

L'histoire de l'Univers n'est pas le morne récit d'une marche monotone vers la mort thermique généralisée. C'est au contraire une succession d'épisodes passionnants. Un chemin semé d'embûches, de retours en arrière et d'imprévus, même si à la fin c'est toujours l'*entropie* qui gagne !

Le deuxième principe de la Thermodynamique s'est trouvé confronté à un problème complexe. Comment augmenter au mieux l'*entropie* lorsque le système considéré reçoit en permanence de l'*énergie* provenant de l'extérieur ? Ou, en d'autres termes, comment tendre vers la configuration la plus probable dans un système dont le nombre d'éléments n'est pas constant. C'est le cas de la Terre qui reçoit continûment un nombre immense de photons en provenance du Soleil. La solution trouvée est une formule de compromis, qui peut paraître paradoxale.

[1] Brian Greene, *Jusqu'à la fin des temps*, Flammarion, 2020.

Elle tolère une diminution de l'*entropie* à l'intérieur du système en utilisant l'*énergie* incidente pour bâtir des édifices ordonnés. Ce faisant, l'*énergie* « se fatigue » et elle ressort sous forme dégradée, avec une hausse de l'*entropie*. Le bilan global est une augmentation de l'*entropie*, en accord avec le second principe.

C'est ainsi que la vie, cet assemblage évolutif invraisemblable, est apparue sur terre. C'est grâce à ce processus que nous avons vu le jour. Les sociétés humaines lui doivent aussi leur existence.

Les particules issues du Big-Bang ne se sont pas dispersées à l'infini comme aurait pu les y contraindre l'insatiable volonté hégémonique de l'*entropie*. La force de gravité a empêché cette dilution en produisant des grumeaux qui, peu à peu, ont grossi, se sont compactés à l'extrême, jusqu'à déclencher des réactions de fusion nucléaire avec une extraordinaire émission d'*énergie* lumineuse. Ainsi sont nées les étoiles, des structures hautement ordonnées, avec corrélativement une baisse de l'*entropie*. Mais celle-ci y trouvait son compte. La perte d'*entropie*, ou *néguentropie*, associée à l'ordre des étoiles est largement compensée par un gain lié à la diffusion dans l'environnement d'une *énergie* de qualité inférieure à celle de la fusion nucléaire, c'est-à-dire d'*entropie* supérieure.

Cette possibilité pour un flux d'*énergie* de traverser un enclos en y faisant baisser l'*entropie* (parce que corrélativement des structures ordonnées sont mises en place) pour en ressortir dans l'environnement sous forme dégradée (avec un gain net d'*entropie*), est ce que Brian Green appelle « la danse à deux temps de l'*entropie* ». Quant aux systèmes dont l'*entropie* baisse (dont la *néguentropie* augmente) et qui se structurent au cours de cette action, Prigogine les a nommés « *structures dissipatives* ».

Une manière intuitive pour comprendre ce que sont les *structures dissipatives* est de considérer les cyclones, qui en sont un exemple. Ils sont générés par le gradient de température entre l'atmosphère et l'océan. Pour tendre vers un état d'équilibre, qui serait caractérisé par une température uniforme, on peut concevoir que, de proche en proche, les couches les plus chaudes devraient céder une part de leur *énergie* aux couches voisines et qu'ainsi, une température intermédiaire finirait par s'établir. Mais il est beaucoup plus efficace que de vastes courants d'air s'établissent, permettant des transferts thermiques directs entre les couches les plus chaudes et les couches les plus froides. Ainsi se forment des tourbillons, qui accélèrent les transferts énergétiques, et qui sont des structures dynamiques présentant un certain ordre. Il s'agit de phénomènes *d'auto-organisation*. Ce régime pourra être maintenu tant que durera l'apport d'*énergie* à l'origine du gradient de température.

Ainsi, les *structures dissipatives* participent bien à l'augmentation générale de l'*entropie*, mais en se permettant un pas de côté. À l'intérieur de la structure, c'est la *néguentropie* qui augmente, car de l'ordre est généré. L'agencement auto-organisé ainsi produit a pour effet d'accélérer la dissipation d'*énergie* vers l'environnement et donc d'augmenter la production globale d'*entropie*. En se « structurant », donc en augmentant *la néguentropie* interne, les *structures dissipatives maximisent la dissipation d'énergie globale*. Un double mouvement d'augmentation conjointe d'*entropie* et de *néguentropie*, une chorégraphie sans fin qui repassera en leitmotiv tout au long de cet exposé. Il s'agit d'un mécanisme subtil, qui joue un rôle majeur dans la saga de l'Univers. La maximisation de la dissipation d'*énergie* par l'intermédiaire des *structures dissipatives* a été qualifiée par certains auteurs de troisième principe de la Thermodynamique. Dans la suite de cet exposé, nous désignerons par « ***principe entropique*** » la propension de l'*entropie* à la croissance, que ce soit directement ou par l'entremise néguentropique d'une *structure dissipative*. [À ne pas confondre avec le « **principe anthropique** », selon lequel l'évolution de l'Univers serait guidée par la finalité de la vie humaine.]

En dernier ressort triomphe l'*entropie*, « la plus métaphysique des lois de la Physique, en ce sens qu'elle montre du doigt la direction où marche le monde[1] ».

Thermodynamique du vivant

Dans « Thermodynamique de l'évolution », François Roddier[2] nous montre comment les concepts liés à la Thermodynamique permettent de dresser un vaste panorama de l'auto-organisation de l'Univers, du Big-Bang aux sociétés humaines. Les idées directrices du présent essai s'inscrivent dans cette lignée. Soulignons que la Thermodynamique est une Science qui ne révèle que des vérités statistiques, tolérant de larges fluctuations par rapport aux comportements moyens. De même, s'il est vrai que les tailles des conscrits d'une année donnée s'inscrivent sur une belle gaussienne, la taille du conscrit Paul Dupont peut en être fort éloignée. Après son émergence, chaque structure — les étoiles, le monde du vivant, les sociétés humaines… — suit ses propres lois. Il est clair que le comportement des sociétés humaines relève d'un faisceau de disciplines, incluant l'Histoire, la Sociologie, l'Economie, la Psychologie, l'Ethnologie, l'Anthropologie, la Paléoanthropologie, etc., soit l'ensemble des sciences dites « humaines ». Il ne s'agit pas de se substituer aux enseignements des autres disciplines, mais d'apporter un éclairage spécifique qui, jusqu'ici, a été peu développé. Il est vrai qu'interpréter les activités humaines en termes de *maximisation de la production d'entropie* suppose une démarche interdisciplinaire.

---

[1] Henri Bergson, *L'évolution créatrice*, 1907.

[2] François Roddier, *Thermodynamique de l'évolution*, Parole Éditions, 2012.

Une société humaine n'est pas réductible à un cyclone, mais ces deux entités ont en commun le fait qu'elles ne peuvent perdurer que le temps pendant lequel un apport extérieur d'*énergie* est maintenu. Les équations qui gouvernent la dynamique des masses gazeuses dans un cyclone sont connues, alors qu'il est impossible de mettre en équation l'évolution d'une société humaine. Toutefois, certaines analogies de situation de ces deux entités permettent de les appréhender dans un cadre conceptuel commun.

Peut-on étudier l'histoire des sociétés humaines en faisant abstraction du flux d'*énergie* qui les traverse, c'est-à-dire du combustible qui leur permet d'exister ? Peut-on, en économie, traiter de la répartition des ressources en ignorant que ces ressources sont en quantité limitée et ne peuvent que se dégrader à long terme ? Bien qu'encore trop souvent ignoré, le lien de ces questions avec les lois de la Thermodynamique est évident.

Mais on peut aller plus loin et reconnaître que l'intervention occulte de la Thermodynamique est beaucoup plus générale *: il existe une sous-jacence thermodynamique dans la plupart des phénomènes évolutifs, en fait tout ce qui bouge de manière non réversible.* Immense domaine allant de l'histoire du cosmos à tout ce qui est vivant et au comportement des sociétés humaines. Le *principe entropique* est une contrainte aussi générale que la gravité, mais le plus souvent souterraine et masquée, car elle peut prendre des voies détournées et différées dans le temps. Nous tenterons d'en débusquer la mainmise sur l'histoire et le devenir de notre civilisation.

***

Les organismes vivants sont des systèmes extraordinairement plus complexes que les cyclones, mais le principe reste le même. Ils reçoivent de l'*énergie* par la nourriture qu'ils absorbent, laquelle nourriture est un concentré d'*énergie* d'origine solaire formé via la photosynthèse. Par le métabolisme, un ensemble de réactions physico-chimiques, cette *énergie* œuvre au maintien en vie de l'organisme, puis elle est rejetée dans l'environnement sous forme dégradée en chaleur, en ce qui nous concerne, un rayonnement infrarouge émis à partir de notre corps à 37 °C. Le bilan entropique permet à une (petite) partie de l'*énergie* de rester disponible pour nous déplacer et accomplir toutes les actions de la vie sociale.

L'Humanité tout entière peut être considérée comme une *structure dissipative*. Pour les sociétés humaines, le métabolisme inclut toutes les activités : industrie, agriculture, tourisme, transports, construction, loisirs, etc. Sa fonction se résume en fin de compte à *dissiper,* c'est-à-dire *dégrader en chaleur*, l'*énergie* de basse *entropie* que nous captons : l'*énergie solaire*, mais aussi depuis deux siècles les *énergies fossiles*. Conjointement, des tours sont érigées, des machines extraordinairement complexes sont construites, des symphonies sont composées. Un défi incroyable à l'augmentation de l'*entropie* ! Néanmoins, c'est cette dernière qui aura le dernier mot. Toute activité humaine qui sous-tend production et consommation a sa contrepartie entropique. Scrutant notre Terre depuis une exoplanète, l'observateur lointain ne voit pas les subtilités stupéfiantes de nos civilisations, mais il peut discerner les dégâts irréversibles de l'Anthropocène.

Entropie et sélection naturelle

La sélection des espèces vivantes, d'après Darwin, repose sur les principes de variation, d'adaptation et de transmission par hérédité. Des mutations génétiques au hasard font apparaître une diversité dans les individus. Parmi ceux-ci, les plus adaptables à l'environnement auront un *avantage évolutif* pour transmettre leurs gènes. Or, que signifie une meilleure adaptation à l'environnement, sinon une meilleure capacité à lui soutirer de l'*énergie* pour être plus fort, plus résistant, plus compétitif ? Capter et donc consumer plus d'*énergie*, cela se traduit par produire plus d'*entropie*. La sélection naturelle privilégie les espèces — et aussi les groupes, les entreprises, les nations, etc. — qui sont les plus aptes à produire de l'*entropie* en dissipant de l'*énergie*.

La sélection naturelle peut être vue comme une conséquence du principe entropique. Les avantages évolutifs peuvent être vus comme des voies vers une plus grande production d'entropie.

Entropie et striatum

Le striatum est une zone cérébrale qui gère un circuit de récompense à base de dopamine, l'hormone du plaisir. Son rôle a été remarquablement décrit par Sébastien Bohler[1]. En s'adaptant à l'évolution du vivant depuis des centaines de millions d'années, le striatum contrôle les comportements des individus en optimisant leurs chances de survie et de transmission des gènes. Les actions permettant d'obtenir plus de nourriture, plus de partenaires sexuels, un meilleur statut social et une exploration accrue de nouveaux territoires provoquent un afflux de dopamine et sont ainsi renforcées. Le problème est que cette structure cérébrale s'est développée initialement dans un contexte de pénurie. Pour assurer la survie des individus, le striatum devait exacerber leur avidité et leur désir de *toujours plus. Toujours plus* de prédation, de consommation, d'activité. Et donc de production d'*entropie*.

[1] Sébastien Bohler, *Le Bug humain,* Robert Laffont, 2019.

Pour la biologie, le striatum est le résultat d'une adaptation sur des centaines de millions d'années pour assurer la survie des êtres vivants dans un contexte de pénurie.

Pour la Thermodynamique, le striatum est un mandataire pour maximiser la production d'entropie et la dissipation d'énergie.

De même, nous dirons que l'Hubris de la mythologie grecque peut être vue comme une manifestation du *principe entropique*. Et si, comme le dit Sébastien Bohler « l'Humanité est bien l'espèce la plus dangereuse pour la planète[1] », c'est parce que c'est elle qui produit le plus d'*entropie*.

En poussant les individus à se surpasser dans une course au *toujours plus*, le striatum a été le formidable moteur du développement des sociétés humaines, c'est-à-dire de la production de *néguentropie*. Mais en continuant à stimuler une boulimie sans limites dans un monde fini, le striatum, pour lequel il n'est pas prévu de bouton « stop » ou « pause », nous conduit à la catastrophe. C'est en ceci que consiste « le bug humain ».

Entropie et activités humaines (suite)

Dans le chapitre précédent, nous avons initié une discussion sur les rapports des activités humaines avec l'*entropie*. Le foisonnement tous azimuts de ces activités rappelle l'expansion d'un gaz qui tend à occuper tout le volume qui lui est offert et à maximiser l'*entropie*. Mais elles doivent être situées dans un contexte historique de sélection naturelle.

Une part importante des activités humaines consistent à produire des biens et des services, et à les consommer. En façonnant des objets, en construisant des maisons, on éla-

---

[1] Sébastien Bohler, *Human Psycho*, Bouquins, 2022.

bore des structures ordonnées. On va donc dans le sens de la *néguentropie*. Par contre, toute production suppose le recours à une certaine quantité d'*énergie* et l'utilisation de matériaux qui, en fin de compte, sont extraits de l'environnement. Toute production a sa contrepartie entropique. L'activité de consommation, dont le résultat net est la transformation d'aliments ou d'objets en déchets et rayonnements thermiques, se range manifestement du côté de l'*entropie*. En ce qui concerne les services, on peut citer l'exemple de l'enseignant qui, en injectant de l'information dans le cerveau des apprenants, contribue à la *néguentropie*. Mais il faudra bien nourrir, habiller et loger cet enseignant, des actions qui font croître l'entropie. L'économiste et mathématicien d'origine roumaine, Nicholas Georgescu-Roegen a été le premier, dans les années 1970, à clairement noter que « les processus économiques s'inséraient dans le flux de l'*entropie* universelle[1] ». Il écrivait : « tout organisme vivant est une *structure dissipative* dans la terminologie de Prigogine. Ce qui veut dire qu'il peut contrecarrer la dégradation entropique en absorbant de la matière-énergie disponible de l'environnement et en y rejetant la matière-énergie dégradée par le processus entropique ». Mais par ailleurs « l'*entropie* du système total, constitué par l'organisme et son environnement, ne peut que croitre[2] ». Les activités humaines ont les attributs d'une *structure dissipative*. Elles sont à la fois créatrices de *néguentropie* et responsables d'augmentation de l'*entropie*. C'est une illustration du « pas de danse à deux temps » de l'*entropie*. Quantitativement, au niveau global, d'après le second principe, la hausse d'*entropie* est supérieure à la baisse. Puisque l'*entropie* globale ne peut que croître, on

[1] Nicholas Georgescu-Roegen, *La Décroissance*, Le Sang de la Terre, 2006.

peut soutenir que les circonstances qui permettent d'accroître les activités humaines sont privilégiées.

Le principe entropique poussera toujours les individus et les sociétés à l'effervescence créatrice, au développement d'actions productives.

Énergie et impact environnemental

On pourrait penser que, à l'intérieur *d'une structure dissipative*, l'impact de l'*énergie* incidente se limite à créer de l'ordre. Elle n'aurait donc qu'un rôle positif, car la contrepartie entropique ne concerne que de l'*énergie* quittant le système. Ainsi l'utilisation des *énergie*s *fossiles*, par exemple, permettrait de construire des maisons, des voitures, des autoroutes, sans impact environnemental (en faisant abstraction du dérèglement climatique par effet de serre). En fait, l'apport d'*énergie* n'est jamais neutre. D'une part, pour ériger ou manufacturer un nouvel objet, il faut puiser dans des ressources (il faut importer du sable pour confectionner le ciment nécessaire à la construction d'une maison ou d'une autoroute), d'autre part, ce nouvel objet occupera un certain espace, au détriment de l'ordre antérieur. *Tout apport d'énergie fausse l'équilibre naturel,* c'est-à-dire l'état résultant de l'évolution planétaire avec toutes ses composantes. L'*énergie solaire* qui irrigue quotidiennement la Terre depuis sa création est une composante majeure de l'ordre naturel. Toute autre source d'*énergie* ajoutée a un rôle perturbateur. Il en est ainsi des *énergie*s *fossiles*, bien que d'origine solaire, mais accumulées pendant des centaines de millions d'années et introduites soudainement dans le système Humanité, et non renouvelables. Leur effet sur le dérèglement climatique est un impact délétère parmi d'autres, allant de l'effondrement de la biodiversité aux embouteillages monstres dans des mégalopoles surpeuplées et sur-polluées. Comme le dit

Aurélien Barrau, « ce qui compte n'est pas l'origine de l'*énergie*, mais ce qu'on en fait ». On pourrait même dire : sur le long terme et au-dessus d'un certain seuil, c'est l'apport d'*énergie* lui-même qui pose problème, *quoiqu'on en fasse* !

L'ajout d'*énergie* dans le système Humanité a été le facteur essentiel du développement humain. Il n'est pas question de nier les bienfaits qui lui sont associés. Mais, comme il sera amplement souligné au cours de cet essai, la poursuite d'une marche au *toujours plus* sur une planète finie n'est pas tenable à long terme. Si l'incitation au *toujours plus* est bien attribuable *au principe entropique*, c'est l'ajout d'*énergie* qui en est le moteur, qui en permet la réalisation.

4

L'homme n'est plus un animal comme les autres

Dans la jungle du vivant

Les espèces animales naissent et évoluent au gré des mutations génétiques et des sélections naturelles, balance entre éruptions aléatoires et *principe entropique*, hasard et nécessité. Subsistent les plus tenaces dans la lutte pour la vie. Un affrontement sans merci dont sortiront victorieux les organismes les plus aptes à soutirer de l'*énergie* de l'environnement et donc à produire de l'*entropie*. Les lignées triomphantes s'accroissent jusqu'aux limites imposées par l'environnement et la compétition avec les autres espèces.

Une population donnée peut être considérée comme un système physique traversé par un flux d'énergie : l'*énergie* apportée par la nourriture absorbée par l'ensemble de ses membres, une *énergie* chimique d'origine solaire, via les aliments et la photosynthèse. Elle est le carburant actionnant le métabolisme du système. Elle ressort des individus sous la forme dégradée d'un rayonnement infrarouge et de molécules de CO_2, deux voies de contribution à l'augmentation de l'*entropie* du monde. Au cours de la traversée des corps, elle prodigue une activité néguentropique en contribuant à l'entretien de la vie. On reconnaît les attributs des *structures dissipatives*. Une partie du métabolisme est appliquée à la procréation de nouveaux individus, entraînant une croissance de la population, allant de pair avec un surplus néguentropique. La croissance est d'abord exponentielle, car le taux de croissance est proportionnel au nombre d'individus. Plus la population est nombreuse, plus elle nécessitera d'*énergie* pour satisfaire son métabolisme. L'apport d'*énergie* n'est pas extensible à l'infini. Il est limité par les ressources et la compétition avec les autres espèces. Il arrive un moment où il peine à assurer le surplus néguentropique correspondant à l'arrivée de nouveaux individus, et donc à maintenir une croissance exponentielle. La population se sature et tend vers une limite. Un état stationnaire s'établit. Dans le magma du vivant, des équilibres précaires s'organisent. Ils perdurent un certain temps, puis ils sont remis en cause, sous l'effet des modifications de l'environnement (il s'agit souvent de changements climatiques), de l'apparition de nouvelles espèces concurrentes, ou (plus rarement) des mutations génétiques. Dans la jungle du « chacun pour soi », les espèces sont toutes soumises à une même loi thermodynamique : une double contrainte imposée par, d'une part, les limites de leur propre force, calibrée sur leur métabolisme, et d'autre part, la disponibilité du carburant alimentant les individus. Une loi de fair-play vis-à-vis des autres espèces, en quelque sorte, garantissant que les critères de la sélection naturelle se rapportent bien à des qualités qui leur soient intrinsèques.

Et les filous apparurent

Il se trouve que parmi toutes les espèces de la Création, l'une d'elles a violé ces limitations : l'espèce humaine, ce qui en fait une exception. Il a été beaucoup discuté de la spécificité de l'Humanité, en tant qu'espèce animale. Il est notoire que les différences deviennent de plus en plus ténues à mesure que s'approfondissent nos connaissances sur les autres animaux. Par exemple, il est maintenant établi que « les chimpanzés savent résoudre des conflits et planifier des meurtres, partager de la nourriture, prêter des intentions à autrui, rire, coopérer, faire preuve d'empathie, varier les pratiques sexuelles, transmettre des connaissances, préserver des cultures techniques et utiliser des associations d'outils[1] ». Pour citer encore Laurent Testot, « l'exceptionnalité humaine réside non pas dans un ensemble de capacités exceptionnelles, mais dans la dynamique que notre espèce a su créer en exploitant son milieu et en dopant ses compétences ». Alors que la captation énergétique de chaque espèce non humaine est restée la même au cours des âges, l'énergie nécessaire à leur métabolisme, les humains sont parvenus à accroître l'énergie à leur disposition par des prélèvements gigantesques sur l'environnement. « Ce rapport particulier à l'*énergie* contribue à faire de notre espèce animale une exception ». Précisons qu'il s'agit avant tout d'une exception à l'aune de la Thermodynamique, qui est la grille de lecture de cet ouvrage. La capacité d'utiliser des *énergies extrahumaines*, c'est-à-dire des *énergie*s ne provenant pas de notre propre force musculaire, est une marque éminente de distinction entre l'espèce humaine et les autres espèces animales. Certains animaux sont capables d'utiliser des outils. Par l'utilisation d'un outil, la force d'un individu peut être augmentée, mais il n'y a pas d'apport d'*énergie* supplémentaire. Les oiseaux en se faisant porter par des courants ascendants profitent d'une *énergie* extérieure. Mais les hommes vont plus loin : ils *transforment* l'*énergie* pour la rendre conforme à leurs besoins. Ainsi le feu, la première des *énergies extrahumaines*, est obtenu par conversion en chaleur de l'*énergie* chimique contenue dans le bois et les autres hydrocarbures. Cette aptitude à capter de l'*énergie* extérieure, l'accommoder et la transformer (c'est-à-dire la faire apparaître sous une autre forme) constitue bien la principale caractéristique qui distingue les humains des autres animaux. Dans le combat universel de la sélection naturelle, en s'appuyant sur une

---

[1] Laurent Testot, *Cataclysmes*, Payot, 2017.

énergie extérieure, elle apparaît comme une sorte de forfaiture. Elle a permis aux hommes de parvenir à une domination absolue sur les non-humains (hormis, parfois, quelques virus récalcitrants).

Les hommes ne sont plus des animaux comme les autres.

Les plus gros animaux ont été exterminés. Seuls demeurent, presque exclusivement, le bétail — c'est-à-dire de la viande — et autres animaux à la disposition des hommes. Les animaux de plus de 20 kg encore sauvages pèsent au total environ 70 millions de tonnes, alors que les humains (avec 300 millions de tonnes) et le bétail (avec 700 millions) totalisent un milliard de tonnes.

La piraterie humaine a réellement commencé avec l'utilisation du feu. Prométhée, avec son foie sans cesse déchiré par des vautours, en paye toujours le prix. Pour le charbon et le pétrole, les guerres du XXe siècle ont servi d'expiation. Châtiment sans doute insuffisant, car le réchauffement climatique annonce des épreuves peut-être encore plus calamiteuses et plus durables. Quant à l'*énergie nucléaire,* avant même son utilisation publique, Hiroshima et Nagasaki peuvent faire figure de simples avertissements.

Cette bifurcation dissidente de l'espèce humaine d'avec les autres espèces était-elle incontournable ? D'autres types de rapports étaient-ils, ou sont-ils, possibles entre humains et non-humains ?

Renouer avec les non-humains ?

Philippe Descola nomme « naturalisme » cette relation au monde où les rapports entre humains et non-humains sont dominés par l'utilitarisme et impliquent un cloisonnement[1]. Les non-humains sont relégués au statut d'objets. Ils peuvent être possédés, échangés, consommés.

[1] Philippe Descola, *Par-delà nature et culture*, Gallimard, 2005.

Tout ce qui est non humain — les animaux, les plantes, les plaines, les montagnes, les rivières... — est recouvert par le concept de « nature », et appartient potentiellement à la sphère marchande. Le naturalisme est une conception du rapport au monde parfaitement adaptée au capitalisme. Cependant, pour Philippe Descola et Alessandro Pignocchi, « le naturalisme n'est pas la seule option possible de rapport au monde. La répartition entre nature et culture, qui nous est si familière, qui structure de façon si profonde nos subjectivités et nos institutions, n'a rien d'universel. Il existe une multitude d'autres façons d'être au monde. Si nous, Occidentaux modernes, rejetons les plantes, les animaux et les milieux de vie dans la sphère autonome de la nature, avec ses propres lois, que la science a pour mission d'étudier, il est plus habituel, à l'échelle de l'histoire des sociétés humaines, de mêler les non-humains, d'une façon ou d'une autre, au tissu des relations sociales[1] ». Il existe en effet des exemples de communautés vivant des expériences différentes, en symbiose avec le milieu, et restant en dehors des échanges marchands et des spécialisations hiérarchisantes. Les expériences citées vont de la peuplade des Achuar en Amazonie équatorienne à la ZAD de Notre-Dame-des-Landes. Ce qui montre que, effectivement, « d'autres mondes sont possibles ». Les sociétés pourraient avoir un certain libre arbitre pour s'engager, ou non, dans la voie d'une captation *d'énergie* sans limites et de l'exploitation des non-humains. S'il est vrai qu'au regard de la plus grande partie de son histoire, que l'on peut faire remonter à 3 millions d'années, l'Humanité ne connaît le naturalisme que depuis quelques milliers d'années, force est de constater qu'aujourd'hui ce mode « d'être au monde » a conquis la planète, à quelques exceptions près. Ce qui signifie que les autres voies ne sont

[1] Philippe Descola et Alessandro Pignocchi, *Ethnographie des mondes à venir*, Seuil, 2022.

pas impossibles, mais fort improbables. Les sociétés qui s'y étaient engagées ont été, encore une fois à quelques exceptions près, anéanties, exterminées, ou confinées dans des réserves. Tandis que les sociétés fonctionnant sur le mode du naturalisme ont connu un développement foudroyant. Pourquoi une différence de destinées aussi flagrante ? La réponse est simple : le critère essentiel de survie et de réussite est la production d'*entropie*. Ce qui donne un énorme avantage aux sociétés naturalistes. La conception naturaliste du rapport au monde est une composante majeure de la course au *toujours plus* et de ses conséquences tragiques.

Philippe Descola et Alessandro Pignocchi appellent à une « écologie subjectivante » qui consiste à traiter en sujets à part entière les êtres non humains, et donc à les faire sortir de la sphère marchande. Mais comment traiter d'égal à égal autrui non humain, du haut de notre surpuissance, alors que nous disposons en moyenne de 200 esclaves mécaniques, et beaucoup plus pour les occidentaux ? Le voyageur en TGV, qui traverse des prairies à 300 km à l'heure, peut-il éprouver une empathie réelle avec les bovins qu'il aperçoit ? Pourrait-il même dialoguer avec un autre humain longeant la voie ferrée à vélo ? Pour retrouver une continuité entre notre monde et celui des non-humains, et aussi à l'intérieur du monde des humains lui-même, une première étape serait de renoncer à l'opulence énergétique. C'est bien l'*énergie extrahumaine* dont nous disposons qui permet notre arrogance dominatrice vis-à-vis des non-humains. Pour les auteurs cités, « une sortie du naturalisme ne saurait se produire sous la chape d'une sphère économique toute-puissante ». Et de préciser que « cela impliquerait une refondation de notre organisation sociale de grande ampleur ». Sans contredire ces affirmations, il me semble que l'abandon de notre piédestal de gigajoules est une condition préalable.

5

Des chasseurs-cueilleurs au capitalisme

L'histoire des civilisations est rythmée par l'accroissement, par pas successifs, de l'énergie injectée dans le système Humanité.

Les chasseurs-cueilleurs

En pratiquant la cueillette, la chasse et la pêche, les chasseurs-cueilleurs captaient directement dans leur environnement immédiat de quoi satisfaire leurs besoins en nourriture. Ils s'apparentaient ainsi aux autres animaux de la planète. Ils s'en distinguaient cependant par le fait que l'on peut, au cours des âges, remarquer une progression dans leurs pratiques. Si l'*énergie* du *métabolisme de base* est probablement restée à peu près la même au cours des âges, le temps nécessaire pour collecter cette *énergie* a constamment diminué, témoignant d'une efficacité croissante dans la captation de cette *énergie*. Ce que l'on pourrait déjà qualifier de « gain de productivité ». L'histoire de l'Humanité est en effet un long parcours pour l'optimisation du flux d'*énergie* qui la traverse.

Lorsque les hommes ne se nourrissaient que de racines et de fruits, la plus grande partie de leur journée était consacrée à la recherche de nourriture. Le recours à une alimentation carnée, plus énergétique, a permis de diminuer le temps consacré à cette recherche. Puis, la maîtrise du feu et la cuisson des aliments ont été des éléments décisifs dans l'apport d'*énergie*. La quantité d'*énergie* captée par humain restait en gros la même. Mais l'amélioration des performances énergétiques a permis d'une part une extension des communautés, et d'autre part une réduction sensible du temps nécessaire à la captation de cette *énergie*.

Il a été estimé que les chasseurs–cueilleurs, à la veille de la révolution néolithique, avaient à travailler moins de 20 heures par semaine pour assurer leur subsistance, ce qui leur laissait du « temps libre » pour palabrer, s'adonner à des rites, éventuellement à des activités artistiques comme en témoigne la grotte Chauvet. Avec les chasseurs-cueilleurs, la notion de propriété n'existe pas. Les plantes, les arbres, les animaux appartiennent à tout le monde, ou à personne. On ne peut imaginer un circuit du producteur au consommateur plus court et plus direct ni une répartition plus égalitaire des richesses (richesses très limitées, il est vrai). C'est la période que Marx qualifie de communisme primitif.

La période agraire

La révolution néolithique s'est probablement imposée parce que la cueillette et la chasse n'étaient plus suffisantes pour faire face à l'accroissement de population. De la révolution néolithique à la révolution industrielle, soit pendant une centaine de siècles, l'essentiel de la richesse produite par l'homme était extrait de la surface de la terre par l'agriculture. L'Humanité était très majoritairement composée de paysans qui travaillaient la terre pour nourrir l'ensemble des humains. Notons qu'à la fin du XVIIIe siècle les deux tiers de la population française travaillaient encore dans l'agriculture. Plutôt que de prélever l'*énergie* nourricière directement sur la nature sauvage, celle-ci était obtenue à partir d'espèces végétales sélectionnées pour leur bon apport énergétique, ce qui a apporté un important gain de productivité, une mutation des pratiques que l'on peut interpréter en termes de maximisation du flux d'*énergie*. La population a été multipliée par 100, et donc aussi l'*énergie* du système Humanité et son impact sur la planète. Le changement d'origine de la nourriture ne devait pas impliquer une augmentation de l'*énergie* captée pour chaque humain. Mais la même *énergie* pouvait être obtenue à partir d'un territoire beaucoup plus restreint, une condition nécessaire pour subvenir aux besoins d'une population croissante.

Au cours de cette centaine de siècles de la période agraire, une certaine quantité *d'énergie extrahumaine* a été ajoutée à *l'énergie humaine utile* : travail des animaux, moulins à vent et à eau, bateaux à voile… Il est difficile d'en évaluer l'apport réel au système Humanité. Peut-être peut-on estimer qu'à la veille de la révolution industrielle l'apport des *énergies extrahumaines* devait être du même ordre que *l'énergie humaine utile*. Pendant la majorité de la période agricole, *l'énergie humaine utile* a constitué l'essentiel de l'*énergie* mécanique dont disposait l'Humanité. C'est par la force musculaire des humains que les aqueducs romains ont été réalisés.

L'augmentation du rendement du travail agricole a permis de diminuer encore le temps nécessaire à l'obtention de l'*énergie humaine* de base. Dès lors pouvait se poser le problème de l'utilisation du gain de temps ainsi obtenu. Les chasseurs-cueilleurs l'avaient réparti à peu près équitablement en « temps libre » entre tous les humains. Après la révolution néolithique, le choix fut tout autre. Plutôt que d'accorder un supplément de temps libre à chacun, le gain de temps a été utilisé pour soustraire une partie de la population aux tâches agricoles et l'affecter à d'autres fonctions. Ainsi ont pu apparaître les prêtres, les guerriers, les artisans, les marchands, les enseignants…

Avec l'émergence de l'élevage et de l'agriculture, les humains ont révolutionné leur rapport à la planète. Avant de consommer, c'est-à-dire de capter l'*énergie* indispensable à la vie, il a fallu toute une préparation : retourner la terre, semer, récolter, stocker. La consommation suppose tout un travail préliminaire et elle est différée dans le temps.

Le travail préalable à la consommation est créateur d'ordre, donc de *néguentropie* (un champ cultivé est plus ordonné qu'un terrain en friche). Par contre, la consommation est une production d'*entropie* (consommer, c'est transformer un produit en chaleur et en déchets, immédiats ou futurs). Dans le cas des chasseurs–cueilleurs, productions de *néguentropie* et d'*entropie* se suivent immédiatement et se compensent. Avec les agriculteurs–éleveurs, ces actions sont disjointes dans le temps et dans l'espace. Pour une petite exploitation familiale, on peut concevoir une production agricole juste suffisante pour la famille, alors *néguentropie* et *entropie* se compenseront, bien qu'étant différées dans le temps. Mais, en particulier pour faire face aux mauvaises récoltes, il apparaît vite nécessaire de faire des stocks. Les stocks sont des excédents de *néguentropie.* Ils représentent de la richesse accumulée, mais pas encore consommée. Ils sont à la base d'un bouleversement radical des rapports de l'homme à la nature et des hommes entre eux. Les excédents agricoles sont le prélude à la plus-value qui apparaîtra dans les sociétés industrielles. Selon la manière avec laquelle ils seront gérés, on aura affaire à des sociétés féodales, capitalistes ou, éventuellement, socialistes.

Dans les *sociétés féodales*, qui ont prévalu pendant toute la *période agraire*, un seul homme, le monarque, le souverain, le seigneur, éventuellement un clan ou une caste (par exemple la noblesse), possède les territoires. Ce type de système a revêtu des formes très diverses, des civilisations esclavagistes, aux empires chinois et aztèques, en passant par les royaumes et féodalités médiévales. Les travailleurs de la terre, serfs, esclaves ou métayers, sont les sujets du souverain propriétaire, qui fait main basse sur les produits de la terre. La confiscation de la richesse produite se fait par divers procédés, allant du servage à la corvée et toute une gamme d'impôts. Les excédents — les richesses obtenues à partir des stocks — sont affectés à la construction de palais, de temples, à l'entretien d'une armée. Le souverain possède tout de droit divin. Il n'est pas soumis à la concurrence économique. S'il veut accroître son fief ou son empire, il le fera par la conquête de nouveaux territoires. C'était un *système vertical avec un circuit de l'énergie simple et direct* : captée dans la terre par les agriculteurs, puis accaparée par le souverain et utilisée selon son bon plaisir pour ses objectifs personnels.

On peut se demander comment ces systèmes permettaient de maximiser le flux d'*énergie* traversant la société. Il s'agissait de structures totalitaires tirant profit d'une exploitation maximale des travailleurs de la terre. La contrainte était d'abord physique, exercée par la force militaire. Elle était aussi culturelle et spirituelle, les souverains étant décrétés de droit divin. Ce système a prévalu, avec toute une gamme de variantes, depuis la révolution néolithique, 10 000 ans avant notre ère, jusqu'à, il y a seulement quelques siècles, la fin des empires de droit divin et l'apparition du capitalisme.

Le capitalisme

Les raisons de la fin des systèmes féodaux sont multiples. Une cause majeure réside dans le fait que, au cours des siècles, d'autres formes de richesses avaient émergé, en dehors du contrôle des souverains. Ces richesses, donc de l'*énergie*, avaient été accumulées par les marchands, les banquiers, les usuriers, les armateurs, etc. À partir du XVIe siècle, avec le commerce des épices, puis celui du coton, avec la colonisation et le pillage des Amériques, le commerce et le travail des esclaves, la captation des patrimoines asiatiques, et aussi les débuts de l'industrialisation, les richesses atteignirent des volumes considérables, tout en empruntant de nouveaux circuits. Les différents secteurs d'activité humaine perdirent leur autonomie et furent absorbés dans la sphère économique. Puis avec la révolution industrielle et l'apport des *énergies fossiles*, l'ajout d'*énergie* dans le système Humanité a véritablement explosé. Si, avant la révolution industrielle, l'*énergie* dans le système Humanité par humain n'était guère supérieure à *l'énergie humaine de base*, elle est aujourd'hui au moins 20 fois plus élevée. Dès lors, les circuits féodaux de répartition des flux énergétiques étaient dépassés et devaient être réinventés. Ajoutons qu'avec le développement de la pensée scientifique, la philosophie des Lumières et la montée des revendications révolutionnaires, les esprits étaient prêts pour un changement de modèle économique.

On peut voir l'avènement du capitalisme comme une transition de phase au sens de la Physique.

Il y a une analogie avec les phénomènes qui se produisent lorsque l'on met une casserole d'eau sur une plaque chauffante. Le fond de la casserole commence à chauffer alors que la surface de l'eau reste à température ambiante. Le gradient de température induit un transfert de chaleur du fond de la casserole vers le haut. Dans un premier temps la chaleur se transmet de proche en proche par conduction thermique. Puis, lorsque le gradient de température dépasse un certain seuil, un nouveau régime apparaît, dit de convection. Les molécules d'eau sont entraînées dans un mouvement d'ensemble, révélant la formation d'une *structure dissipative*. Les molécules chaudes du fond de la casserole sont dirigées vers la surface, ce qui est un mécanisme beaucoup plus efficace pour transférer la chaleur. [En régime de conduction, le transfert de chaleur est proportionnel au gradient de température ; en régime de convection, il est proportionnel au carré du gradient].

Au-dessus d'un certain seuil de captation de richesse, donc d'*énergie*, le mode de gestion féodal était devenu obsolète. Un nouveau système plus efficace pour maximiser la dissipation d'*énergie* devait s'imposer. En termes marxistes, on dirait qu'au-delà d'un certain niveau des forces productives on doit s'attendre à un changement du mode de production. Mais le moteur du changement est-il la lutte des classes, ou la nécessité physique pour les sociétés, en tant que *structures dissipatives*, de maximiser la dissipation d'*énergie* ?

Dans les sociétés féodales, l'*énergie* emprunte un circuit court et direct. Captée par les travailleurs de la terre, l'*énergie* est accaparée par le souverain qui en dispose à sa guise.

Dans une société capitaliste, le schéma de circulation de l'*énergie* est beaucoup plus complexe. En amont, il y a bien sûr le travail des paysans et des ouvriers qui, à partir de la terre et des matières premières, font apparaître des produits, nourriture ou objets, qui permettent aux hommes de se nourrir, de se loger, de s'habiller, de se divertir… Ces fruits du travail peuvent être échangés. Pour cela, ils ont un équivalent en monnaie, ce qui permet de simplifier et de multiplier les échanges. Par les échanges, l'*énergie* échappe à la voie à sens unique des régimes féodaux et emprunte des chemins transversaux. Ce qui brasse et stimule les activités, donc la dissipation d'*énergie*. *C'est l'équivalent du régime de convection pour l'eau dans la casserole sur la plaque chauffante*.

Lorsque, en 1776, Adam Smith invoqua l'intervention quasi surnaturelle d'une « main invisible » pour expliquer un processus d'auto-optimisation de l'économie, il ne connaissait ni Carnot, ni Boltzmann, ni Prigogine, qui auraient pu lui souffler que cette mystérieuse « main invisible » résidait en fait dans les lois de la Thermodynamique. Le credo, selon lequel « c'est en recherchant son propre intérêt qu'un individu favorise le plus celui de la société », peut être traduit de la manière suivante. Sous l'impulsion de son striatum, un individu agit de manière à maximiser sa consommation, et donc le flux énergétique. De même que les petits ruisseaux font les grandes rivières, la maximisation de chaque flux énergétique individuel assure la plus grande dissipation d'*énergie* à l'échelle de la société, et donc la meilleure conformité de celle-ci au *principe entropique*.

Il s'avère que le capitalisme est le mode d'organisation économique quasi universel aujourd'hui, en ce début du XXIe siècle. Il est le régime économique dominant dans 196 des 198 États de la planète. Force est de constater qu'un système fondé sur la recherche du profit maximum et la libre concurrence est le plus apte à générer de l'activité et de la croissance. La loi du profit maximum, qui est consubstantielle du capitalisme, est en parfaite adéquation avec la loi de dissipation maximum de l'*énergie*. Il apparaît que cette loi, qui privilégie et renforce le capitalisme, l'emporte sur la lutte des classes qui devait l'abolir. Dans le chapitre suivant, nous analyserons les raisons pour lesquelles le capitalisme est aussi robuste.

Le capitalisme est fondé sur la recherche du profit maximum, lequel pour durer réclame d'entretenir une croissance sans limites. Mais une croissance infinie dans un monde fini est impossible : dès lors, quelle peut être la destinée du capitalisme ?

6

Pourquoi le capitalisme est-il aussi robuste ?

Les aspirations au « grand soir » et aux « lendemains qui chantent » semblent bien être des marqueurs d'une époque révolue. Le capitalisme semble bien bénéficier des faveurs du principe entropique.

Un autre monde est-il possible ?

« Se débarrasser du capitalisme est une question de survie », nous dit Paul Jorion[1]. Peut-être, mais est-ce possible ? « *There is no alternative* », assénait Margaret Thatcher, verrouillant ainsi le débat sur les alternatives possibles au néolibéralisme, la version actuelle et débridée du capitalisme. « Il faut tuer TINA » lui répond Olivier Bonfond[2] dans un ouvrage présentant « 200 propositions pour rompre avec le fatalisme et changer le monde ». L'auteur y affirme que l'objectif est une remise en cause globale du système capitaliste. On note cependant que dans les 200 propositions, toutes très pertinentes, aucune ne préconise explicitement de sortir du capitalisme.

---

[1] Paul Jorion, *Se débarrasser du capitalisme est une question de survie*, Fayard, 2017.

[2] Olivier Bonfond, *Il faut tuer TINA*, Éditions du Cerisier, 2017.

« Un autre monde est possible ! », affirmation d'espoir et slogan mobilisateur. Mais, à vrai dire, personne ne peut dire aujourd'hui si, réellement, un autre monde est possible.

« Un autre monde », cela signifie un monde qui ne serait plus dominé par une économie capitaliste. Or, jusqu'ici toutes les tentatives de rupture ont échoué. Qu'elles aient été initiées par les urnes, comme la République espagnole, ou de manière insurrectionnelle, comme la Commune de Paris, la plupart ont été écrasées dans un bain de sang. La révolution bolchévique qui avait abattu le capitalisme a viré au totalitarisme. Après sept décennies, l'État communiste s'est effondré et un capitalisme sauvage a été rétabli. La révolution chinoise a elle aussi mué en dictature, puis, après quelques décennies, une économie capitaliste a été érigée avec maintien de l'État communiste. Parmi les 198 nations qui constituent les Nations unies, seules deux – la Corée du Nord et Cuba, qui ne sont pas des modèles d'un autre monde désirable – peuvent être citées comme n'étant pas régies par une économie capitaliste. La Corée du Nord maintient une économie non capitaliste au prix d'une dictature et d'une fermeture presque totale. En ce qui concerne Cuba, la responsabilité de son régime totalitaire pourrait être attribuée au blocus américain. Nul ne peut dire ce que serait devenu Cuba sans le blocus américain : exemple de socialisme à visage humain ou retour au capitalisme ?

Le constat de ce règne, quasiment sans partage, des économies capitalistes doit amener tout observateur à s'interroger sur son caractère nécessaire ou contingent. Lorsque, en tant que physicien, je constate que 196 points sur 198 s'alignent sur un graphique, j'ai une forte tendance à penser que cela n'est pas dû à une série incroyable de coïncidences. Je suspecte qu'il doit exister une explication rationnelle. L'omniprésence du capitalisme serait-elle le résultat d'une sorte de principe naturel supérieur ? Margaret

Thatcher a tranché : *there is no alternative*. Mais elle ne dit pas pourquoi. C'est une affirmation dogmatique. Le capitalisme est le seul système possible, parce que c'est comme ça, point barre. Un dogmatisme partagé par les économistes mainstream, qui ne sont donc d'aucune utilité pour trouver une éventuelle cause profonde.

Un type d'explications pour rendre compte de l'essence et de la persistance du capitalisme serait-il à rechercher au niveau le plus basique, c'est-à-dire dans la structure psychique des individus ?

Un système en adéquation avec les aspirations profondes des individus ?

Cette thèse est bien exposée dans les lignes ci-dessous que j'emprunte à Branko Milanovic[1].

« Un système politique ou économique doit rester en accord avec les valeurs et comportements dominants dans la société. Cette idée ancienne, avancée par des auteurs aussi illustres que Platon, Aristote et Montesquieu, se vérifie sans aucun doute dans le capitalisme actuel. Le capitalisme a remarquablement réussi à transmettre ses objectifs aux gens. Il les a poussés ou persuadés à adopter ses buts, et ainsi obtenu une extraordinaire concordance entre ce dont il a besoin pour se développer, d'une part, et les idées, désirs et valeurs des gens, d'autre part… Cette coïncidence entre les objectifs individuels et systémiques est une des plus grandes réussites du capitalisme. Les plus grands défenseurs du capitalisme expliquent cette réussite par le fait que ce système serait “naturel”, qu'il refléterait parfaitement notre moi inné — notre désir d'échanger, de réaliser des gains, de lutter pour de meilleures conditions économiques et une vie plus agréable ».

[1] Branko Milanovic, *Le Capitalisme, sans rival*, La Découverte, 2020.

On peut ajouter le rôle du striatum, tel que décrit par Sébastien Bohler, qui nous pousse dans une course effrénée au *toujours plus*, en excellent accord avec la dynamique du capitalisme.

Cependant, si le capitalisme est un système en si bon accord avec les aspirations profondes des hommes, comment expliquer qu'une majorité d'humains en soient des victimes et des laissés-pour-compte : travailleurs exploités, cadences infernales, inégalités criantes, injustice sociale, marchandisation généralisée... Car en fin de compte, le capitalisme est un système où l'homme n'est qu'un ingrédient au service de l'économie. Bien sûr, il est possible que, comme une drogue, le capitalisme soit à la fois attractif et toxique.

On peut aussi rechercher des causes plus systémiques.

Il est vrai que le capitalisme est un système *vivace*. Jusqu'ici, il a toujours *survécu* aux crises. Il a pu *renaître* après quasi-disparition dans les pays où il avait été aboli. J'ai à dessein utilisé des termes qui habituellement s'appliquent au domaine du vivant. Effectivement, on peut associer au capitalisme des attributs du vivant. Et cela va au-delà d'une simple métaphore.

Le capitalisme est un organisme « vyvant »

Le capitalisme se comporte, à bien des égards, comme un organisme vivant. Ce n'est évidemment pas un organisme vivant au sens biologique. Le concept de vie a été élargi dans le but d'inclure éventuellement des formes de vie non terrestre. Le concept de « lyfe », inspiré de la Thermodynamique, a été introduit pour définir des caractéristiques de vie plus générales, vis-à-vis desquelles les formes de vie rencontrées sur Terre seraient un cas particulier[1]. *Lyfe* est un néologisme dérivé de *Life*. De même, en français on parlera de « vye » et de « vyvant ». Un système doté de *Lyfe* répond à quatre caractéristiques bien définies : dissipation, autocatalyse, homéostasie et capacité d'apprentissage. Il s'avère que le capitalisme remplit ces quatre critères de manière remarquable.

- *La dissipation* est la capacité à exploiter et à convertir des sources d'*énergie*. Le capitalisme s'est avéré être un remarquable agent de développement et d'utilisation des *énergies*, de la machine à vapeur à l'*énergie nucléaire*. Il a été l'initiateur et le grand profiteur des *énergies fossiles*. Le capitalisme est un booster de l'*énergie* et l'*énergie* est un booster du capitalisme.
- *L'autocatalyse* est la capacité de croître et se développer de manière exponentielle. La croissance est dans les gènes du capitalisme. Le capitalisme est un moteur de croissance et la croissance est un objectif vital du capitalisme.
- *L'homéostasie* est la capacité à limiter les changements internes lorsque les conditions externes changent. Le capitalisme a démontré son adaptabilité à l'évolution des techniques, aux conditions géopolitiques, aux modifications environnementales.
- *L'apprentissage.* Le capitalisme apprend de ses échecs et de ses crises. Ainsi, après la crise de 2008 il a été tenu compte, dans une certaine mesure, des erreurs commises à la suite de la crise de 1929.

Le capitalisme coche bien toutes les cases d'un « organisme vyvant ».

[1] Stuart Bartlett et Michael Wong, « Defining Lyfe in the Universe: From Three Privileged Functions to Four Pillars », *Life*, vol. 10, n° 4, 16 avril 2020, p. 42.

Il est intéressant de comparer cette analyse à la situation qui serait celle d'un système socialiste. C'est surtout au niveau de la capacité de croissance (autocatalyse) qu'un système socialiste serait en état d'infériorité. Bien que les marxistes soient dans le camp des productivistes, une économie socialiste ne repose pas sur la croissance. La croissance y est un objectif idéologique et non une nécessité économique. C'est avant tout en raison de son retard économique que l'Union soviétique s'est effondrée. Le système soviétique était par ailleurs rigide et peu adaptable au changement, et aurait donc eu un score médiocre en homéostasie. D'après les critères qui définissent un « organisme vyvant », une économie capitaliste s'avère plus performante qu'une économie socialiste. Notons que cette comparaison pèche par sa faible fiabilité, car nous ne disposons que de très peu d'exemples d'économies socialistes.

Revenons sur la capacité de croissance (*autocatalyse*).

Le capitalisme est le système le plus apte à générer de la croissance.

Dès lors que la recherche de profit est une caractéristique consubstantielle du capitalisme, la croissance est un objectif vital, car c'est elle qui permet de doper le profit. De plus, dans une économie capitaliste libérale, la croissance est assurée par « une concurrence libre et non faussée » (selon le droit européen). Cela signifie que les entreprises sont soumises aux lois de la sélection naturelle, tout comme les espèces vivantes qui sont condamnées à croître ou à disparaître. Ainsi la croissance est une nécessité absolue à la fois pour garantir un profit aux actionnaires et pour résister à la concurrence. La croissance est réellement une question de vie ou de mort. Parce qu'il est soumis à cette règle implacable, le capitalisme est condamné à être le plus efficace pour produire de la croissance.

De la révolution néolithique à la révolution industrielle, la population de l'espèce humaine avait connu une multiplication par 100 en une centaine de siècles. Puis, depuis seulement deux siècles, sous régime capitaliste, la multiplication a été d'un facteur 10, soit un taux de croissance de la population 5 fois plus élevé. Parallèlement, l'*énergie* moyenne consommée par Terrien a été multipliée par 20, essentiellement grâce à l'utilisation des *énergies fossiles*. Ainsi, si l'on considère l'Humanité dans son ensemble comme un système physique, l'association du capitalisme et des *énergies fossiles* lui a permis de multiplier par 100 en deux siècles le taux de croissance de sa consommation d'*énergie*. Ce qui correspond à un gain d'*entropie* considérable, et donc un grand avantage du point de vue du *principe entropique*.

7

L'entropie à l'œuvre

Les sociétés humaines ne sont pas dans un état d'*entropie* maximum, un état où chaque individu serait équivalent, interchangeable. Cette question a une certaine analogie avec l'évolution des particules du cosmos primitif. Pourquoi, plutôt que de former une soupe homogène, uniformément répartie dans l'espace, ces particules se sont-elles agglomérées pour former des galaxies, des étoiles, des planètes ? On connaît la réponse. L'attraction gravitationnelle a été l'agent qui, à partir des fluctuations quantiques de densité initiales, a généré des zones de plus en plus denses jusqu'à l'Univers hétérogène que nous connaissons. L'attraction gravitationnelle a été le moteur de réductions locales de l'*entropie* et donc d'apparitions de structures ordonnées dans l'Univers.

Structuration

En ce qui concerne les humains, le phénomène de regroupement en communautés a pu être décrit comme la résultante d'un *instinct grégaire*, considéré comme le quatrième instinct primaire par Wilfred Trotter et Sigmund Freud. Les humains sont des animaux grégaires. Ils ont tendance à se grouper et à s'imiter. Ce comportement, qui rappelle le passage de la vie monocellulaire à la multicellularité, n'est pas la manifestation d'une force attractive mystérieuse, mais le résultat de la *sélection naturelle*. Les comportements non grégaires ont été éliminés parce qu'il s'est avéré qu'ils débouchaient sur des impasses dans l'évolution du vivant.

Mais qu'est-ce que la sélection naturelle sinon un processus visant, en fin de compte, à augmenter la production d'*entropie* ? Sont sélectionnés les organismes et les espèces qui s'adaptent le mieux à l'environnement, c'est-à-dire ceux qui sont les plus aptes à extraire de l'*énergie* de leur environnement pour survivre.

Concentration

Pour les humains, qui sont déjà, individuellement, des *structures dissipatives,* le regroupement en communautés de plus en plus nombreuses est un processus qui permet, à l'échelle des sociétés, de maximiser la dissipation d'*énergie*. Ainsi, l'association et la collaboration d'un grand nombre d'individus permettent de creuser un canal d'irrigation, grâce auquel les récoltes seront plus abondantes et permettront de nourrir un plus grand nombre d'individus, ce qui augmentera la consommation de produits de la terre, et donc en fin de compte la production d'*entropie*. Le phénomène est cumulatif. Une plus grande concentration d'humains correspond à une structure plus ordonnée, donc un accroissement de la *néguentropie*, mais aussi, puisqu'il faut bien nourrir le supplément de population, une plus grande prédation sur la nature, donc un supplément d'*entropie*. On retrouve la danse en deux temps entre *entropie* et *néguentropie.*

Sources des différenciations initiales, les inégalités à la naissance ont conduit à l'émergence de leaders dans le groupe, de chefs de tribu. Les premières sociétés humaines se sont développées dans un environnement hostile. La lutte pour la survie a façonné leur comportement. Les humains avaient plus de chance de survivre en se mettant sous la protection de celui d'entre eux qui, par les hasards de la naissance, avait le plus de force physique ou de capacité intellectuelle. Le mâle dominant a émergé dans de nombreuses sociétés animales. Ainsi naît le chef, et le chef, comme les autres êtres vivants, est dominé par son striatum.

En nous poussant à une consommation sans limites dans un monde fini, le striatum nous conduit à la catastrophe. Mais avant d'être l'agent responsable du « bug humain », en poussant les individus à vouloir *toujours plus*, le striatum a été le formidable moteur du développement des sociétés humaines, c'est-à-dire de la production de *néguentropie.* Ainsi ceux qui étaient initialement les meneurs de petits groupes humains ont eu soif de toujours plus de pouvoir, de possessions, de richesse. Ils sont devenus chefs de tribus, de fiefs, de royaumes, d'empires. Le pouvoir des dominants qui s'étendait sur quelques centaines d'individus avant la révolution néolithique a pu atteindre des millions d'individus. Les formidables rassemblements d'humains ont permis des réalisations magistrales, même avant le recours aux *énergies fossiles*. Ainsi, les Pyramides, la muraille de Chine et Notre-Dame ont été érigées uniquement à partir *d'énergie humaine*, c'est-à-dire d'*énergie solaire*, via la nourriture et la photosynthèse.

Dans une étape ultérieure, le processus de croissance--concentration s'autoentretient et s'amplifie. C'est un phénomène autocatalytique. De même que l'attraction gravitationnelle pousse les particules à s'agglomérer et à former des zones de plus en plus denses, dans une économie capitaliste l'argent attire l'argent (« on ne prête qu'aux riches ») et accélère le processus de concentration. Les fortunes grossissent par accumulation du capital, par les héritages. Avec l'exploitation des *énergies fossiles,* une énorme quantité d'*énergie* est injectée dans les *structures dissipatives* que sont les sociétés humaines.

L'accumulation permet la création de structures de plus en plus puissantes, de plus en plus sophistiquées, tandis que s'accroissent les inégalités. Les sociétés sont hiérarchisées, stratifiées et présentent d'extrêmes disparités, qui se retrouvent encore amplifiées à l'échelle mondiale. C'est dire à quel point nous sommes loin de l'équilibre thermodynamique ! Les inégalités économiques sont clairement un moteur de création d'activités, donc à la fois d'*entropie* et de *néguentropie.*

Fragmentations

Nous reviendrons sur les inégalités économiques au chapitre 9. Le paysage des hétérogénéités n'est pas limité à ce type de disparités, que l'on peut qualifier de *verticales,* eu égard à la hiérarchisation des relations humaines qu'elle implique. Parallèlement s'amplifient des *fragmentations transversales* ou « archipélisation » selon le vocable de Jérôme Fourquet[1]. Avec un lien primitif à *l'instinct grégaire*, elles correspondent à la formation d'ilots, notamment communautaires, qui pratiquent leurs propres règles de vie. Des groupes humains préservent leur identité en érigeant une séparation qui les protège des influences extérieures. L'opposition entre *Nous* et *Eux,* ou les *Autres* (ceux qui ne sont pas comme Nous), détermine une *frontière* qui départage « l'intérieur » de « l'extérieur ».

De multiples *frontières* cloisonnent nos sociétés en ghettos ethniques, religieux, communautaires, amplifient les disparités et l'hétérogénéité. Ces *frontières* ont peut-être une filiation lointaine avec les membranes cellulaires, sans lesquelles les cellules, et donc la vie, n'existeraient pas. En

[1] Jérôme Fourquet, *L'Archipel français*, Points, 2019.

délimitant un *intérieur* et un *extérieur,* elles sont un frein à l'augmentation d'*entropie*. Elles permettent le maintien d'un certain *ordre*, c'est-à-dire d'une certaine *régularité*, qui peut revêtir des formes très diverses : règles communautaires, pratiques religieuses, traditions régionales, codes claniques…

De plus, à l'échelle planétaire, on assiste à une montée des dislocations et des antagonismes. La fin de l'Empire soviétique puis la mondialisation avaient pu laisser penser qu'une homogénéisation progressive des modes de vie sur le modèle occidental était en cours, avec « la fin de l'Histoire » à l'horizon. Mais cette prédiction de Fukuyama (apparemment conforme au second principe de la Thermodynamique) s'est révélée être un fiasco historique. Des milliers de kilomètres de murs sont érigés, des frontières de la Palestine au Mexique et à l'Europe. La profusion des tensions, conflits ouverts ou larvés, avec l'invasion de l'Ukraine comme illustration récente, invalide totalement les prophéties d'un avenir globalisé et apaisé.

Ainsi, aussi bien au niveau régional que planétaire, on assiste à une montée générale des tensions et des fragmentations séparatistes. L'Histoire suit son cours, qui n'est pas celui d'un long fleuve tranquille. Comment expliquer l'émergence d'un tel paysage tourmenté, voire chaotique ? Alors que les protubérances de nature économique trouvent leur raison d'être dans l'inaltérable *principe entropique*, les fracturations d'autres natures (religieuses, ethniques, nationalistes, culturelles…) ne semblent pas a priori liées à un éventuel avantage évolutif, et donc entropique. Nous pensons qu'il s'agit de signes des dérèglements que commence à ressentir le système Humanité, en tant que *structure dissipative* face aux prémices d'un sevrage énergétique et à l'insoutenable accélération du monde. Un enchaînement que nous développerons au chapitre 10 en le désignant comme le « Grand Essoufflement

8

Histoire des hommes, histoire des guerres

Le principe entropique, parce qu'il détient les manettes de l'Économie, nous a conduits des chasseurs-cueilleurs au capitalisme. Il est aussi, parce qu'il contribue aux fondements de notre personnalité, l'instigateur de nos désirs de conquête, le responsable premier des guerres.

Comme le disait Jaurès juste avant son assassinat : « le capitalisme porte en lui la guerre comme la nuée porte l'orage ». Mais il y avait déjà des guerres avant le capitalisme. La grande histoire du monde, pour reprendre le titre du livre de François Reynaert[1], depuis la nuit des temps, est très majoritairement l'histoire des guerres, des invasions, des conquêtes, des massacres, des atrocités commises par des humains sur d'autres humains. Du Néolithique à nos jours, l'histoire des hommes est celle d'un combat incessant.

Résumons en quelques lignes l'histoire d'Homo occidentalus, qui s'est imposé comme l'Homo sapiens le plus puissant. Étant issus de vagues successives d'envahisseurs (des Romains aux Mongols en passant par les Goths, les Huns, les Wisigoths, les Vandales, les Francs, les Arabes, les Vikings, et autres Ottomans), nous avons hérité des

---

[1] François Reynaert, *La grande histoire du monde*, Fayard, 2010.

gènes de prédateurs et de violeurs. Il n'est pas étonnant alors que l'histoire de l'Europe soit marquée par d'innombrables guerres, le but étant d'agrandir un territoire, un domaine, un fief, un royaume, un empire. À de rares exceptions près, toutes les entités européennes — royaumes ou nations — ont été un jour confrontées à toutes les autres.

Dès que le développement des techniques et des connaissances géographiques l'a permis, les conquêtes ont explosé hors d'Europe et se sont répandues sur le monde entier. Toutes les nations ayant pignon sur mer, du Portugal aux Pays-Bas, ont participé au pillage des Amériques, exterminant les peuples autochtones et leurs civilisations (5 millions de survivants sur une population initiale de 50 millions d'individus), et déportant dans des conditions infâmes plus de 10 millions d'Africains réduits à la condition d'objets.

Puis, l'exploitation des *énergies fossiles* centuplant leur puissance, l'expansion des nations européennes — avec une mention particulière à l'Angleterre, et aussi à la France —, connaît au XIXe siècle un nouveau bond en avant avec le dépeçage de l'Afrique, la soumission de l'Asie, la mise à genoux des Indes et l'humiliation de la Chine. Notons que ces guerres de conquête ont été menées au nom de la foi chrétienne, puis des Lumières et de la défense des droits de l'Homme.

Au XXe siècle, il ne reste pratiquement plus de territoire à conquérir, alors l'agressivité guerrière des pays européens se déchaîne à l'intérieur de l'Europe elle-même avant d'embraser le monde entier, faisant de ce siècle le record absolu en termes de tueries (100 millions de morts) et d'horreurs.

Est-il vraiment possible d'interpréter l'ensemble de ces carnages que l'Humanité s'est infligés à elle-même en termes du *principe entropique*, c'est-à-dire de maximisation de la dissipation d'*énergie* ?

Dans une guerre, il y a en général un agresseur et un agressé. L'agresseur veut étendre son territoire, son « espace vital », acquérir les richesses de l'autre, développer sa sphère d'influence. Tout ceci revient à augmenter son pouvoir d'accroître l'*entropie* du monde. Quant à l'agressé, son désir est de les préserver. Il en fut ainsi des guerres puniques aux guerres coloniales, d'Alexandre le Grand à Hitler. Les guerres prétendument religieuses ou idéologiques échapperaient-elles à cette finalité ? On sait que la motivation des croisés était largement conditionnée par les perspectives de butin et que l'agression américaine contre l'Irak en 2003 visait à maintenir le contrôle sur le pétrole du Moyen-Orient. Quant au but de dénazification de l'Ukraine invoqué par Poutine, personne n'est dupe. Il est clair aussi que les marchands d'armes font leurs choux gras des conflits et que c'est grâce à la Seconde Guerre mondiale que les États-Unis ont pu véritablement sortir de la crise de 1929.

Toutefois, dans bien des cas, les résultats de la guerre sont pour l'assaillant à l'opposé des objectifs. Il suffit de considérer la ruine de l'Allemagne après la Seconde Guerre mondiale. Il est très improbable que Poutine tire un bilan positif pour la Russie de son agression de l'Ukraine. Ainsi les guerres conduiraient souvent à des résultats contraires à la finalité du *principe entropique*. Ceci est un paradoxe supplémentaire à mettre sur le dos du striatum humain. Comme l'a développé Sébastien Bohler, ce fameux striatum, par son tropisme irrépressible vers le *toujours plus* nous mène vers un monde impossible. En aiguisant le désir de conquête des princes qui nous gouvernent, et aussi celui d'une partie de la population, le striatum pousse à des guerres calamiteuses et la plupart du temps contre-productives. Ce qui serait un autre aspect du « bug humain ». Mais pour l'observateur scrutant notre planète depuis Sirius, il serait difficile de conclure que les guerres sont un *dé-*

savantage évolutif pour l'ensemble de l'Humanité. Ainsi, pour certains observateurs, si l'Europe a pu dominer le monde au XIXe siècle, elle le doit paradoxalement au fait que ses nations n'ont pas cessé de se faire la guerre pendant les 1000 années précédentes. Ce qui les a poussées à développer plus qu'ailleurs les progrès techniques et l'efficacité économique. Pour avoir un avis objectif sur cette question délicate de l'éventuel rôle positif des guerres pour le développement de l'Humanité, il faudrait disposer d'une deuxième Terre, très semblable à la nôtre, mais avec une Humanité totalement pacifique. Alors la comparaison de l'évolution des sociétés humaines sur ces deux Terres permettrait peut-être de conclure ! Quoiqu'il en soit les obus et les bombes sont de formidables contributeurs à l'*entropie* sans contrepartie néguentropique.

On aurait pu penser que désormais les rivalités se focaliseraient sur les affrontements économiques. L'invasion de l'Ukraine par la Russie montre que « la guerre reste le paradigme dominant de notre monde[1] ». La soif de conquêtes n'est pas exclusivement portée par les compétitions économiques. Ce sont cependant ces dernières qui dominent les transactions et affrontements entre États. Les GAFA sont parvenus à une emprise planétaire. Les États-Unis et la Chine sont dans une lutte sans merci pour l'hégémonie mondiale. Épisode ultime de la Loi de sélection naturelle ? Alors que la lutte contre le dérèglement climatique demanderait une coopération planétaire, il est difficile de voir dans les rivalités suicidaires entre nations des avantages évolutifs.

[1] Laurent Testot, *Cataclysmes*, Payot, 2017.

9

Sur les inégalités

Des Inégalités toujours en hausse

D'après le rapport du World Inequality Lab[1], « *Les inégalités de richesses sont plus fortes aujourd'hui que jamais*. Elles sont mises en lumière en quatre chiffres : les 10 % les plus riches détiennent 76 % de la richesse mondiale, tandis qu'à l'inverse, les 50 % les plus pauvres n'en possèdent que 2 %. Cet écart ne cesse de grandir depuis des décennies. De façon générale, les inégalités dans le monde se creusent et la crise sanitaire n'arrange rien. »

Si, au lieu de considérer les 10 % les plus riches, on se concentre sur les très très riches, soit les 0,01 % les plus riches, les écarts de richesses deviennent abyssaux. Le patrimoine des 500 plus grandes fortunes de France est passé de 10 % du PIB en 2010 à près de 40 % aujourd'hui[2].

Une manière pertinente de rendre compte des inégalités est de les estimer à partir de leur impact sur la planète et en particulier de la quantité de CO_2 envoyé dans l'atmosphère. On atteint ainsi un marqueur, non plus de la possession d'un patrimoine — qui pourrait être passive, voire contemplative —, mais de la consommation effective de biens maté-

---

[1] Codirigé par les économistes Lucas Chancel, Thomas Piketty, Gabriel Zucman et Emmanuel Saez, *Rapport sur les inégalités mondiales 2022 (World Inequality Lab)*, Seuil, 2022.

[2] Source : Challenge, cité par Lucas Chancel.

riels, c'est-à-dire de la création d'*entropie*. Cet indicateur témoigne nettement que ce type d'inégalités ne cessent de croître. Ainsi, entre 1990 et 2015 et sur le plan mondial, les émissions de CO_2 des 50 % les plus pauvres ont augmenté de 6 % alors que celles des 10 % les plus riches ont augmenté de 46 % (rapport OXFAM). En 2019 une personne appartenant aux 0,01 % les plus riches émettait en moyenne 2330 tonnes d'équivalent CO_2, tandis qu'une personne appartenant à la moitié la plus pauvre de l'humanité n'en émettait que 1,4. La moyenne mondiale s'établissait, elle, à 6 tonnes.

Cette croissance des inégalités de richesse est-elle une fatalité ?

Comme le note Walter Scheidel[1], « le développement économique est à l'origine de l'augmentation des inégalités patrimoniales ». Autrement dit, plus les richesses accumulées sont importantes, plus elles sont concentrées entre un petit nombre d'individus. Ceci apparaît comme un constat statistique et historique documenté par l'analyse des données « de l'âge de pierre au XXIe siècle ». Walter Scheidel parle aussi « d'effet déségalisateur de la croissance et du développement commercial » et défend la thèse selon laquelle « la croissance des inégalités est née de l'interaction entre le développement technologique et économique et la formation des États ».

Le couplage entre développement économique et inégalités semble bien être une loi de l'Histoire.

En analysant l'histoire des inégalités, Walter Scheidel n'a pu observer de réduction des inégalités que lors de quatre types d'épisodes cataclysmiques, qu'il nomme « les quatre cavaliers de l'Apocalypse » : Guerre de masse, Révolution violente, Effondrement de l'État, Pandémie majeure.

---

[1] Walter Scheidel, *Une histoire des inégalités*, Actes Sud, 2021.

En ce qui concerne les pays européens, les inégalités avaient atteint un sommet historique dans l'Empire romain avant son effondrement. Un tel niveau d'inégalités, après 15 siècles marqués notamment par les ravages de la peste, n'avait été retrouvé qu'au début du XXe siècle, à la veille du cataclysme mondial, qu'on a pu appeler « la guerre de 30 ans » (1914 – 1945). Cet épisode de destruction de richesses et de massacres de populations sans précédent s'est avéré être un formidable agent égalisateur[1]. L'effondrement des économies est allé de pair avec une réduction drastique des inégalités. Dans ce cas, la réduction des inégalités peut être vue comme une conséquence de la compression des richesses. Et, réciproquement, on a vu que la compression des revenus pouvait entraîner une chute brutale de l'économie. Dans le cas de la révolution bolchévique, le nivellement forcé des patrimoines et des revenus a entraîné une pénurie généralisée. De même en Chine, le nivellement égalitaire de la période révolutionnaire a été suivi de disettes calamiteuses, et lorsque le niveau de vie moyen s'est amélioré les inégalités sociales ont rejoint un cycle de croissance abyssale.

Mais est-il possible de faire baisser les inégalités par des voies douces et progressives ? La nécessité d'augmenter la taille du gâteau pour que chaque part soit plus grande est une rhétorique inlassablement ressassée. Mais force est de constater que, à mesure que le gâteau croît, le rapport entre les plus grandes parts et les plus petites, donc les inégalités, croît également. Certes, depuis le XIXe siècle, les conditions de travail et les niveaux de vie, au moins dans le monde occidental, se sont considérablement améliorés. Mais cela ne signifie pas que les *inégalités économiques* aient baissé. Le *différentiel* de niveau de vie entre un Elon Musk, milliardaire mégalomane, et un employé moyen, d'une part, et entre un patron et un prolétaire du XIXe,

---

[1] Thomas Piketty, *Le Capital au XXIe siècle*, Seuil, 2013.

d'autre part, n'a pas baissé, même si l'employé du XXIe vit beaucoup mieux que le prolétaire du XIXe.

Walter Scheidel constate que « des milliers d'années d'Histoire se réduisent à cette simple vérité : depuis l'aube de la civilisation, les progrès constants en matière de capacités économiques et d'édification des États ont favorisé la croissance des inégalités, mais n'ont rien fait, ou presque, pour les contrôler. Il est très difficile d'identifier des baisses d'inégalités qui n'aient pas été associées, d'une manière ou d'une autre, à des chocs violents. » Et d'ajouter : « il nous faut convenir qu'à l'évidence la violence, réelle ou latente, a longtemps été l'incontournable catalyseur des politiques égalisatrices ».

Thomas Piketty nous livre un constat moins pessimiste et affirme « qu'il existe un mouvement de long terme allant vers davantage d'égalité sociale, économique et politique au cours de l'histoire[1] ». Comment expliquer cette différence d'appréciation entre deux éminents universitaires ?

En réalité, les deux auteurs ne parlent pas précisément de la même chose. Pour Scheidel, il s'agit exclusivement des inégalités économiques : inégalités de richesse que l'on peut quantifier par le revenu et le patrimoine. Pour Piketty, il s'agit d'une entité plus vaste, qui amalgame dans le *progrès humain* différentes composantes alliant les avancées dans la lutte contre des inégalités économiques, politiques, sociales, culturelles et contre les discriminations liées au sexe, à la couleur de peau, à l'origine ethnique… Certes, « le progrès humain existe ». Il suffit de considérer l'espérance de vie qui, en deux siècles, est passée de 26 à 72 ans. Le statut d'esclave a été aboli (mais la condition d'esclave pas partout). La colonisation a été abandonnée (mais l'ombre du colonialisme hante toujours nos banlieues et le néocolonialisme prospère). Les femmes ont obtenu le droit de vote (mais l'égalité entre les femmes et les hommes

---

[1] Thomas Piketty, *Une brève histoire de l'égalité*, Seuil, 2021.

a encore un long chemin à parcourir). Les Noirs américains ont obtenu les droits civiques (mais les inégalités raciales sont toujours à des niveaux intolérables). On pourrait allonger la liste des progrès survenus depuis deux siècles. Ils sont réels, mais grandement inachevés. Ils paraissent aussi relativement irréversibles (il y a certes des exceptions, comme la remise en cause des droits des femmes dans un nombre croissant de pays).

En ce qui concerne les inégalités économiques considérées par Scheidel, elles avaient atteint un maximum historique au début du XXe siècle. Elles se sont effondrées pendant les cataclysmes de la période 1914-1945. Elles sont restées à un bas niveau pendant les Trente Glorieuses, alors que l'économie des nations était relancée à vive allure. Puis elles ont recommencé à croître avec le néolibéralisme de Reagan–Thatcher à partir de 1980. Assez lentement en France et beaucoup plus vite aux États-Unis. L'Histoire a montré divers épisodes de chutes drastiques des inégalités de richesse à la suite d'événements catastrophiques déclenchés par l'un des quatre cavaliers de l'Apocalypse. Après un laps de temps variable, *les inégalités de richesse ont toujours repris leur marche ascensionnelle.* Ainsi, « au cours des premiers mois de la pandémie de Covid-19, l'effondrement des marchés boursiers a vu les milliardaires, qui comptent parmi les plus gros actionnaires, accuser des pertes importantes. Ce revers a toutefois été de courte durée. En seulement neuf mois, les 1 000 milliardaires les plus fortunés, principalement des hommes blancs, avaient recouvré toutes leurs pertes[1] ». Comme après un feu de forêt l'herbe finit toujours par repousser.

Il y a donc lieu d'opérer une distinction entre les inégalités économiques, qui sur le long terme semblent

[1] Lucas Chancel, Thomas Piketty, Gabriel Zucman et Emmanuel Saez, *Rapport sur les inégalités mondiales 2022 (World Inequality Lab),* Seuil, 2022.

irréductibles, et les autres inégalités, susceptibles d'une certaine atténuation.

Quelle peut en être la raison profonde ?

Gradients et inégalités

Tout mouvement, toute aspiration, tout élan, toute réalisation, toute vie… nécessite un gradient de quelque chose, quelque part. Il faut une différence de température pour qu'un cycle de Carnot fonctionne et fournisse du travail. Il faut une différence de potentiel pour qu'un courant circule. Il faut une différence de hauteur pour qu'une cascade fasse tourner une turbine. Il faut un homme et une femme pour perpétuer l'espèce. Dans une société humaine, il y a différents types de gradients : de revenu, de position sociale, de compétence, de pouvoir… Ces gradients sont perçus comme des inégalités. Mais une société sans gradient, c'est-à-dire composée d'individus équivalents, interchangeables, pourrait-elle fonctionner ? Une telle société serait une société stationnaire, sans évolution, qui serait restée au stade des sociétés animales. Une société sans développement. En effet, à moins d'apparaître partout simultanément, un changement apparaît d'abord en un point, ce qui rompt l'uniformité et introduit un gradient. L'évolution darwinienne des espèces est d'abord initiée par des mutations aléatoires qui introduisent des différences localisées. L'existence de gradients, et donc d'inégalités, est une condition indispensable aux changements, aux modifications, au développement. L'existence de gradients permet de générer de l'activité (et donc d'augmenter l'*entropie*). De manière très schématique, on peut considérer l'exemple suivant. Soit un riche et un pauvre. Le riche a assez d'argent pour payer un employé. Le pauvre a besoin de travailler pour gagner sa vie. Une activité peut être initiée, qui n'aurait pas lieu si les deux étaient riches, ou si les deux étaient pauvres [le lecteur aura compris qu'il ne s'agit pas de justifier les inégalités économiques, mais d'expliquer un mécanisme].

La possibilité de gradient permet une concentration hiérarchisée de population, indispensable à la réalisation de grands travaux.

Pour générer de l'activité, il faut un gradient qui va induire un flux d'énergie, c'est-à-dire un travail. Les gradients sont des initiateurs et des accélérateurs de création d'entropie.

[La formation de gradients, c'est-à-dire d'hétérogénéités, est ici présentée comme un produit du *principe entropique*, alors que le lecteur assidu se souvient de cette phrase écrite dans le premier chapitre : « Avec le temps tout ce qui s'écarte, tant soit peu, de la normalité, tout ce qui affiche un peu d'originalité, finira par disparaître et se fondre dans une mer indifférenciée. Tout simplement parce que toute singularité est moins probable que la conformité ». Précisons que ce dernier propos concernait un système fermé, sans échange avec l'extérieur, et s'acheminant vers un équilibre thermodynamique. Par contre, dans le cas des *structures dissipatives* recevant en permanence un flux d'*énergie*, pour tendre vers l'état le plus probable (qui n'est pas un état d'équilibre), il importe de dissiper cette *énergie* pour la rejeter vers l'extérieur sous forme dégradée, ce qui demande de la faire « travailler », donc de l'inclure dans un circuit d'activité, lequel nécessite l'existence de gradients.]

Dans les sociétés de chasseurs-cueilleurs, les hommes travaillaient juste assez pour vivre : chasser, cueillir, cuisiner, confectionner des outils et des habits… On était dans un système égalitaire et quasi stationnaire. À la révolution néolithique, les sociétés se sont hiérarchisées, avec des chefs, des cultivateurs, des guerriers, des prêtres, des artisans..., faisant apparaître des gradients dans les relations humaines. Avec l'accroissement des communautés humaines, les possibilités de stocker des excédents de production sont devenues de plus en plus importantes. L'émergence d'excédents par rapport aux besoins immédiats a joué un rôle essentiel dans l'évolution de l'Humanité. Ainsi ont été possibles les échanges de marchandises et toutes les activités commerciales. Il faut y voir aussi le début du capital et du capitalisme. Les stocks introduisent une granularité dans la répartition des marchandises, donc des gradients. Les richesses accumulées se sont transformées en éléments de puissance. L'histoire montre que dans l'écrasante majorité des cas les excédents de production ont été accaparés par une petite minorité d'élites dominantes, et ont donc été générateurs d'inégalités sociales.

Pour résumer en une phrase : *Des gradients, donc des inégalités, sont nécessaires pour amorcer des activités et créer des richesses, lesquelles richesses se répartissent de manière inégalitaire, amplifiant le processus du couple auto-amplificateur richesse–inégalités, un enchaînement parfaitement adapté au principe entropique.*

On conçoit que cet engrenage s'applique essentiellement aux inégalités de richesse. Ce qui éclaire la raison pour laquelle les inégalités économiques sont plus persistantes que les autres types d'inégalités. Un processus également, qui corrobore parfaitement *le couplage entre inégalités et développement économique* décelé par Scheidel dans l'analyse historique des inégalités.

Le cinquième cavalier de l'Apocalypse

Si ce couplage était réellement robuste, on pourrait en déduire qu'une baisse des activités économiques devrait être accompagnée d'une baisse des inégalités. Ce couplage existe bien dans le cas de baisses brutales, occasionnées par les quatre cavaliers de l'Apocalypse présentés par Scheidel. Mais l'Histoire a montré que, jusqu'ici, il s'est toujours agi de baisses limitées dans le temps et qu'ensuite les sociétés humaines ont toujours repris leur marche en avant vers toujours plus de production et de consommation, et une ascension renouvelée des inégalités. Que se passerait-il dans le cas d'une baisse durable, d'une décroissance permanente ? Cette situation n'est pas une hypothèse heuristique, mais une quasi-certitude, compte tenu de l'impossibilité d'une croissance infinie dans un monde fini. Tel sera l'aboutissement du *cinquième cavalier de l'Apocalypse.* Après les Guerres dévastatrices, les Pandémies, l'Effondrement des États et les Révolutions radicales, les ravages de l'Anthropocène vont nous confronter à un *cinquième cavalier de l'Apocalypse*. Il s'agit des bouleversements combinés du dérèglement climatique, de la pollution, de la perte de biodiversité, et de l'épuisement des ressources. Que vont devenir les rapports humains sous l'emprise des évènements catastrophiques qui nous attendent ? Aucun précédent n'est disponible pour nous indiquer si le curseur des relations humaines sera aspiré vers l'égalité ou l'inégalité.

Il est étonnant, et navrant, que dans son ouvrage de 700 pages, et en particulier dans le chapitre « Qu'est-ce que l'avenir nous réserve ? », Scheidel ne fasse aucune mention à ce que précisément *l'avenir nous réserve* avec le cinquième cavalier de l'Apocalypse. Quant à Piketty, il n'ignore pas le réchauffement climatique, car il se préoccupe de la répartition des émissions de Carbone. Mais l'impact des bouleversements écologiques sur les rapports de domination entre les humains est un sujet crucial qui n'est pas abordé.

Nous reparlerons dans les chapitres suivants des conséquences possibles de la décroissance à venir. Que pouvons-nous dire en ce qui concerne l'impact sur les inégalités sociales ? La prospective est un exercice dangereux, mais à bien des égards, le futur est déjà bien ancré dans le présent. En premier lieu, il importe de souligner la complète inhomogénéité des situations planétaires. Si globalement le PIB mondial est en baisse, cela peut couvrir des contextes très variés, avec d'une part des masses humaines désespérées, et d'autre part des îlots ultra protégés d'adeptes d'exploration spatiale et de transhumanisme. Des murs sont d'ores et déjà construits pour empêcher l'arrivée de migrants, tandis que les plus fortunés, dirigeants des GAFA et autres oligarques, ont commencé à acquérir des terres en Norvège, Nouvelle-Zélande, et autres lieux supposés échapper, pour un temps au moins, à la catastrophe climatique. Cette fracture à l'échelle mondiale, véritable dissidence des élites, est déjà engagée. Elle permettra de maintenir un haut niveau de prédation sur la planète, en un mot de continuer à maximiser la production d'*entropie*. Dans ces conditions, on ne voit pas de baisse des inégalités se profiler. Bien sûr, dans un avenir plus lointain, après l'extraction des dernières gouttes de pétrole et l'épuisement des réserves d'Uranium et de métaux rares, un nivellement par le bas est prévisible, à moins d'un retour à des sociétés esclavagistes.

10

Du grand Emballement au grand Essoufflement

Avec la révolution industrielle, le monde est entraîné dans une accélération folle de la croissance, des rythmes de vie, des inégalités. Avant même les limites physiques et écologiques imposées par la planète, la civilisation n'est plus à même de supporter l'accélération du monde. On assiste à un essoufflement général, de l'épuisement de la croissance à la crise de la démocratie.

« *Les fleurs étaient belles et les fruits sont amers* », nous dit Régis Debray. Les fleurs c'était, du temps des Trente Glorieuses, les promesses de « lendemains qui chantent ». C'était au temps de l'espoir, du plein emploi, du progrès émancipateur.

Aujourd'hui, une impression générale que quelque chose s'enraye. Un enchaînement de crises, indépendantes ou liées, mais qui semblent converger, avec en prime récente la pandémie de Covid-19, la guerre en Ukraine, la canicule, la sécheresse… Des catastrophes écologiques majeures s'annoncent, la démocratie est en crise, les idéologies progressistes et les religions sont ringardisées, le néolibéralisme et la mondialisation sont remis en question, la croissance est en panne, le chômage de masse s'éternise, les fractures sociales se creusent et l'avenir s'estompe dans un halo d'incertitudes.

Peut-on voir dans l'état du présent les prémices de l'Effondrement prédit par les collapsologues, ou simplement les signes d'un déclin progressif qui s'amorce ?

Le terme « *essoufflement* » semble approprié. Compte tenu de son aspect multifactoriel et systémique, nous parlerons du *Grand Essoufflement.* Il décrit l'incapacité à suivre le rythme antérieur de progression. Précisons que les lignes qui vont suivre concernent plus particulièrement ce qu'on appelle *le monde occidental*, c'est-à-dire environ 1/6ème de l'Humanité.

Mais avant d'analyser plus avant cette période, jetons un coup d'œil rapide sur celle qui l'a précédée, et que l'on peut appeler *le Grand Emballement.*

Le Grand Emballement

Le Grand Emballement, c'est cette déferlante aux multiples composantes qui a débuté il y a deux siècles avec la révolution industrielle. On pourrait aussi parler de Grande Accélération. Elle s'est manifestée par une croissance exponentielle de la production, de la population, des connaissances, des progrès des sciences et des techniques, du niveau de vie des individus… Avec pour moteur, le développement sans précédent des sciences et des techniques, le dogme du progrès, le capitalisme. Avec pour carburant, l'*énergie*, essentiellement les *énergies fossiles* et en particulier le pétrole. Avec en prime, la démocratie.

Le Grand Emballement est avant tout le résultat de l'injection dans le système Humanité d'une formidable quantité d'*énergie*. Les hommes se sont soudainement emparé des *énergies fossiles*, un véritable trésor d'origine solaire patiemment accumulé pendant des centaines de millions d'années, et ils les auront consommées en moins de cinq siècles ! Une fraction de seconde à l'échelle des formations géologiques, et même une parenthèse minime comparée à l'âge de notre espèce. L'Humanité se sera bâfrée des *énergies fossiles* en un temps 100 000 fois plus court que ce qu'il a fallu pour les constituer. Peut-on imaginer gloutonnerie plus grossière, irresponsabilité et stupidité plus manifestes ? A l'instar de Sébastien Bohler, nous pouvons incriminer le rôle délétère du striatum qui nous pousse dans une spirale infernale au *toujours plus*. Nous pouvons aussi discerner à nouveau l'intervention du *principe entropique*, ce qui n'est pas contradictoire avec l'entremise du striatum, car ce dernier est un instrument pour le toujours plus de production d'*entropie*.

« Le monde s'est mis en mouvement. Et ce mouvement dépasse nos capacités d'entendement. Une fois ce processus en marche, il est impossible de l'arrêter. L'accélération est la marque indélébile des sociétés modernes. Elle frappe de son sceau l'intensification des moyens de production, des rythmes de travail, de la vitesse de communication, et elle résulte en grande partie de l'amélioration constante des moyens techniques de production et de transport dans une société de libre concurrence[1] ».

Le Grand Essoufflement

On peut dater le début du Grand Essoufflement au moment où les nouvelles générations ont réalisé que leur avenir serait en régression par rapport à celui des générations précédentes, c'est-à-dire au tournant des années 70–80, à la fin des Trente Glorieuses. Probablement au moment où il fut entrevu dans l'inconscient collectif que la croissance, moteur du progrès humain, ne pouvait pas être poursuivie indéfiniment. De même qu'un essouffle-

[1] Sébastien Bohler, *Où est le sens ?* Robert Laffont, 2020.

ment traduit un manque d'oxygène après un effort trop violent, le Grand Essoufflement exprime les signes en même temps d'une déficience d'*énergie* et d'une accélération intenable. Il revêt des aspects multiples. Nous en décrivons quelques composantes.

Essoufflement de la croissance.

Après les records des Trente Glorieuses, la croissance s'est progressivement ralentie de décennie en décennie. Aux États-Unis, 90 % de la population n'a connu aucune augmentation de son pouvoir d'achat au cours des 30 dernières années. En Europe, la croissance moyenne du revenu par habitant est passée de 3 % à 1,5 % puis à 0,5 % durant la même période. Le ralentissement de la croissance, c'est la formidable marche en avant de l'Humanité depuis 2 millions d'années qui ralentit. La croissance, c'était donner une flèche au temps vers un futur du *toujours plus.* Ralentir la croissance, c'est peut-être mettre un coup d'arrêt à la lente et inexorable remontée de l'*entropie* commencée il y a près de 4 milliards d'années avec l'apparition de la vie. Une stagnation de la croissance apparaît comme un arrêt de l'horloge du temps, une annihilation du futur. « La croissance économique est la religion du monde moderne. Elle est l'élixir qui apaise les conflits, la promesse du progrès indéfini. Elle offre une solution au drame ordinaire de la vie humaine qui est de vouloir ce qu'on n'a pas. Hélas, en Occident du moins, la croissance est devenue intermittente, fugitive…[1] ». Il est tellement vrai que la croissance a pratiquement acquis le statut d'une religion que parler de *décroissance* a quelque chose de blasphématoire. Le mot est une grossièreté, à tel point que les économistes préfèrent parler de *croissance négative* !

L'essoufflement de la croissance peut être le signe que le carburant alimentant notre *structure dissipative* va

[1] Daniel Cohen, *Le Monde est clos et le désir infini*, Albin Michel, 2015.

manquer un jour, donc le signal d'une fin possible de notre civilisation. Les limites liées à la finitude de la planète sont indépassables. Mais il semble bien qu'il existe également d'autres entraves que celles des limites de la planète et qui ont leurs racines dans ce qui est à la source même de la croissance et donc du *principe entropique* : les *gains de productivité*.

Un moteur central de la croissance économique réside dans les progrès des sciences et des techniques, qui par l'innovation permettent d'améliorer la productivité. Il faut de moins en moins d'effort et de personnel pour produire la même quantité de marchandises. On peut donc, à effectif constant, augmenter la production et, si une part de la plus-value est investie dans l'innovation, un cercle vertueux est enclenché vers toujours plus de production. Ainsi la croissance économique, par l'innovation et les gains de productivité, s'auto-entretient, s'auto-amplifie jusqu'à des sommets, que seules les limites de la planète pourraient borner.

Les *gains de productivité* ont pour conséquence de supprimer des emplois. Mais d'autres emplois sont créés, nous disent les économistes. C'est le processus de « création destructrice » décrit par Joseph Schumpeter. Ce que l'on a appelé la révolution agricole a fait passer la population paysanne de 75 % de la population française au XIXe siècle à 3 % de nos jours. L'énorme surplus de main-d'œuvre a été absorbé par l'industrie. Mais avec la machine à vapeur, l'électrification, l'automatisation, l'industrie a connu aussi des gains de productivité considérables et les emplois dans l'industrie ne représentent plus aujourd'hui que 12 % des emplois. Les travailleurs industriels ont migré vers le tertiaire. À leur tour, avec la révolution numérique, les services connaissent des gains de productivité spectaculaires. Que vont devenir les travailleurs des services ?

Le système fonctionne sur le postulat que l'innovation crée au moins autant de nouveaux emplois que ceux détruits par les gains de productivité. Mais il ne s'agit là que d'un postulat sans fondement scientifique. Rien ne garantit sa validité permanente. Si les emplois créés par l'innovation sont suffisamment nombreux pour absorber la main-d'œuvre mise à la rue par les gains de productivité, alors la croissance peut se poursuivre. Mais si tel n'est pas le cas, ce sont les bases de l'économie libérale qui s'affaissent. Vers quels nouveaux domaines les agents des services vont-ils pouvoir se tourner lorsque leur poste aura été remplacé par un robot ? Que deviendront les chauffeurs de bus et de taxis, les moniteurs d'auto-écoles lorsque les voitures se conduiront toutes seules ? Et même la plupart des médecins lorsque des diagnostics très sûrs seront donnés par des algorithmes ? L'intelligence artificielle annonce une nouvelle révolution avec une destruction massive d'emplois.

Il semble bien que le début du Grand Essoufflement ait coïncidé avec le moment où les emplois détruits par les gains de productivité n'ont pas été suffisamment compensés par la création de nouveaux emplois.

L'innovation et les gains de productivité, fruits du Grand Emballement, s'avèrent être l'une des causes du Grand Essoufflement. Bien sûr il faudrait nuancer. La mondialisation et les délocalisations ont aussi leur responsabilité dans les pertes d'emplois. Mais les gains de productivité demeurent la cause la plus importante. Il faudrait dire aussi que les gains de productivité ne se traduisent pas exclusivement en pertes d'emplois. Ils ont permis une réduction considérable du temps de travail, des congés payés, une protection sociale… Mais il semble que nous arrivions à une limite. Dans une économie libérale concurrentielle, les gains en « mieux vivre » ont tendance à s'aligner sur le moins-disant. Ainsi le passage des 40 aux 35 heures de travail hebdomadaire a été entravé par toutes sortes de mesures, le rendant presque inopérant, sous prétexte qu'on allait perdre en compétitivité vis-à-vis des autres pays industriels.

Les destructions d'emplois non compensées entraînent un chômage de masse et lancent dans la précarité une partie croissante de la population. Aujourd'hui, 8 millions de Français ont besoin d'une aide alimentaire. Une partie de la population au pouvoir d'achat dégradé se trouve exclue de la consommation. Ce qui entraîne un ralentissement de la croissance en raison d'une diminution de la demande. Parallèlement, des richesses considérables s'accumulent à l'autre extrémité de la société. L'économie continue néanmoins, mais la partie active de la population est réduite. Il s'agit de retrouver de la compétitivité avec moins de travailleurs, mais en supportant une partie de la charge nécessaire pour nourrir, soigner, éduquer… ceux qui sont désormais hors du champ actif de l'économie. Pour cela, de nouvelles innovations sont nécessaires, qui entraîneront de nouvelles suppressions d'emplois, donc encore moins d'actifs dans l'économie. Un cercle vicieux est enclenché, qui conduit nécessairement à un essoufflement de la croissance.

Essoufflement de l'idée de progrès.

Croyance structurante du monde moderne depuis les Lumières, l'idée de progrès présuppose que l'Histoire a un sens, que l'itinéraire du passé vers le futur est une marche vers le meilleur. L'idée de progrès permet de supporter les frustrations du présent dans l'espoir d'un avenir meilleur. « Croire au progrès, c'est accepter de sacrifier du présent personnel au nom d'un futur collectif » (Étienne Klein). Pour qu'un tel sacrifice ait un sens, il faut un rattachement symbolique au monde et à son avenir. L'idée de progrès suppose une certaine croyance en l'avenir.

Or, depuis une vingtaine d'années le mot progrès a disparu des discours, remplacé par le mot innovation. Cette disparition du mot progrès est concomitante de l'essoufflement de la croissance. Croissance et progrès étaient deux comparses avançant en symbiose, et qui maintenant déclinent ensemble. « C'est l'idéal du progrès qui semble se vider lorsque la croissance disparaît » (Daniel Cohen).

Essoufflement du sens.

Le sens c'est à la fois la *direction*, le but vers lequel on avance, et la *signification*, c'est-à-dire la raison, la motivation, qui nous fait avancer. Dans ces deux acceptions du terme, le *sens* est battu en brèche. Avec l'essoufflement de la croissance, le tarissement de l'idée de progrès, la dissolution du futur, le *sens* disparaît dans l'obscurité d'une voie sans issue.

L'essoufflement du sens, c'est la remise en cause des croyances religieuses, mises à mal par les développements de la Science et le matérialisme des sociétés d'aujourd'hui.

L'essoufflement du sens, c'est la perte de la boussole que constituaient les idéologies promettant le paradis sur terre. Or, comme le montre Sébastien Bohler[1], le sens est un besoin fondamental de l'individu. Il requiert un environnement stable, ordonné, cohérent. La perte de sens entraîne des réactions de stress.

Essoufflement de la démocratie.

La démocratie est un régime politique très limité dans le temps et dans l'espace. Elle n'est pratiquée que dans un nombre d'États très restreint. De plus, dans les États dits « démocratiques », elle recule, prise entre le désintérêt des individus pour l'engagement citoyen, les tentations autoritaires et la montée des populismes.

La démocratie est très récente. En France, elle n'est pratiquée que depuis le début de la Troisième République, soit 150 ans. Et comme à l'époque la moitié de la population, les femmes, était exclue de la vie politique, il est plus

[1] Sébastien Bohler, *Où est le sens ?* Robert Laffont, 2020.

juste de faire commencer le début de la démocratie à 1944, l'année du droit de vote accordé aux femmes. Mais peut-on qualifier de « démocratique » une nation qui maintenait d'autres peuples sous sa domination coloniale ? C'est donc plutôt de la fin de la colonisation que l'on peut vraiment dater le début de la démocratie en France, soit à peine une soixantaine d'années.

La démocratie est contemporaine du Grand Emballement. Elle est fille du charbon, puis du pétrole. On me dira que la démocratie est née en Grèce antique, totalement éloignée de la civilisation du pétrole. Oui, mais il s'agissait d'une démocratie entre citoyens. Les esclaves en étaient exclus, alors que la démocratie n'aurait pas fonctionné sans eux. C'est grâce au travail des esclaves que les citoyens pouvaient avoir du temps pour palabrer sur l'agora. Les esclaves étaient le carburant, le pétrole de la démocratie. Est-ce un hasard si la fin de l'esclavage dans nos sociétés occidentales a coïncidé avec le début de l'utilisation des combustibles fossiles ? La démocratie n'est présente que dans des pays à haut développement industriel, à fort potentiel énergétique. *La démocratie pourra-t-elle survivre à la fin des énergies fossiles et de l'énergie abondante ?* Les crises des années 1930 ont montré qu'en cas de récession, des démocraties pouvaient très rapidement basculer vers la dictature.

Les signes d'essoufflement de la démocratie sont nombreux, du désintérêt de plus en plus marqué pour l'engagement citoyen (plus de 50 % d'abstention aux dernières élections législatives) à la progression continue du populisme et des valeurs d'extrême droite.

Liberté, Égalité, Fraternité, l'emblème historique de la République, rayonnait de générosité avec un certain panache. Quelques décennies après la sinistre parenthèse du *Travail, Famille, Patrie*, il s'est mué dans les faits en *Liberté, Sécurité, Identité*, des aspirations qui marquent un repli vers les pulsions les plus archaïques des organismes vivants. Il s'agit d'une régression manifeste des sociétés occidentales.

Essoufflement de la Science.

Il est assez paradoxal de prétendre parler d'essoufflement de la Science alors que nous envoyons des robots sur Mars avec une précision extraordinaire et que des vaccins contre un virus jusque-là inconnu ont été mis au point en un temps record. Il s'agit là de prouesses techniques, certes époustouflantes, mais qui relèvent plus des sciences appliquées que de la science fondamentale. Si l'on entend par *essoufflement* le fait que le rythme de progression ne se maintient plus, il y a bien essoufflement. Effectivement, le rythme des nouvelles découvertes s'est ralenti depuis la première moitié du XXe siècle. Le socle théorique sur lequel repose toujours la Physique fondamentale a été élaboré entre 1905 et 1930. Bien sûr, la Physique n'est pas toute la Science et il faudrait tenir compte des autres domaines scientifiques, en particulier de la Biologie.

Cependant, il est indéniable qu'il y a, non pas un essoufflement, mais une véritable régression à la fois de l'image et de la parole scientifiques. Dans les années 60, le métier de chercheur était auréolé d'un certain prestige. Aujourd'hui, le rêve de la majorité de la jeune génération est d'intégrer une école de commerce. Dans les laboratoires, ce que les chercheurs passent de plus en plus de temps à chercher, ce sont des crédits pour pouvoir mener à bien leur recherche ! Quant à la parole scientifique, noyée dans un océan médiatique, dans ce brouhaha où toutes les informations se valent, elle est devenue presque inaudible. La pensée rationnelle est battue en brèche dans les réseaux sociaux. On est entré dans l'ère de la *post-vérité*. La vérité est une question d'opinion. L'émotion devient le critère d'adhésion, au détriment de la Raison qui est tombée de son piédestal. Dans un monde dominé par l'individualisme, la

Vérité a explosé en vol et retombe en autant de morceaux qu'il y a d'individus. *Ma* vérité a supplanté *la* vérité. La *post-vérité* permet les manipulations de l'opinion (fake news, trucages, thèses complotistes…) avec la complicité terriblement efficace des outils du numérique (internet, blogosphère, réseaux sociaux, forums…).

La fracture cognitive.

On constate une rupture, un décrochage d'une partie de la population d'avec la *pensée rationnelle*, une partie de la population qui n'a pas pu suivre l'évolution trop rapide de notre civilisation de la connaissance. Comme un wagon incapable de suivre un train trop rapide et qui décroche. Il était simple de comprendre l'origine du monde lorsqu'il avait été créé en six jours par un Créateur. Aujourd'hui tout se complique. La relativité générale et la mécanique quantique peinent à s'unifier pour nous donner le début d'une piste. *La Science s'essouffle dans la complexité infinie du réel.* Nul ne peut dire de quoi demain sera fait. Nous sommes dans l'ère de l'incertitude, alors que nous aimons les choses simples et la sécurité que procurent les certitudes.

Dans ces conditions, rien d'étonnant à ce qu'une partie de l'humanité soit larguée et se réfugie dans un monde qui ne soit plus soumis à la dictature de la Raison. Tout se passe comme si, dans son chemin vers toujours plus de connaissance et de rationalité, l'humanité avait atteint une limite. De même qu'une croissance infinie se heurte à des impossibilités physiques, la fracture cognitive peut être la marque d'une saturation dans le développement cognitif de l'humanité. La marche des premiers de cordée vers l'homme au cerveau augmenté du transhumanisme a semé une partie de la cordée.

Dislocations

Le Grand Emballement contenait en germe le Grand Essoufflement, de même que tout organisme vivant est programmé pour mourir.

Il y a des causes exogènes, en particulier l'impossibilité physique et écologique d'une croissance infinie dans un monde fini. Il s'agit d'une limitation triviale et rédhibitoire, qui est maintenant de plus en plus admise et commentée. Il est clair que notre civilisation en tant que *structure dissipative* ne pourra survivre que le temps durant lequel se maintiendront les apports en *énergie* et en matière indispensables à son existence.

Mais il y a aussi des causes endogènes liées à la Grande Accélération, c'est-à-dire à l'extraordinaire vitesse du changement des conditions imposées à la *structure dissipative* que constitue notre civilisation : injection phénoménale d'*énergie*, de matière, de population, d'informations…

Que se passe-t-il dans une *structure dissipative* lorsqu'on lui injecte de plus en plus d'*énergie* ?

Tant que l'inoculation énergétique n'est pas trop rapide, la structure peut s'adapter et donner lieu à différents états par sauts successifs, qui peuvent s'apparenter à des transitions de phase. C'est ainsi que se sont succédé différents types de sociétés, des chasseurs-cueilleurs aux civilisations industrielles. Mais la vitesse d'adaptabilité a une limite, qu'elle soit d'origine physique ou humaine. Globalement la condition doit être que le changement au cours d'une génération soit suffisamment lent pour que la transmission intergénérationnelle reste fluide. Cette limite est nécessairement atteinte un jour dès lors que la croissance est exponentielle. Alors la *structure dissipative* entre en régime chaotique et débouche sur des scénarios de dislocation. Le Grand Emballement a donné une formidable accélération au développement humain. Puis les signes de l'existence des limites planétaires ont entraîné un essoufflement aux composantes multiples, fragilisant l'édifice humain. Parallèlement l'excessive vitesse des changements provoque des fractures dans les zones fragilisées, donnant lieu aux fragmentations que nous avons introduites au chapitre 7.

Par ailleurs, dans un système d'économie libérale, les processus de sélection darwinienne régissent pleinement l'évolution de la société, faisant apparaître des zones de développement rapide et des étendues de laissés-pour-compte, en d'autres termes une croissance des inégalités sociales, dont j'ai décrit l'un des mécanismes par le rôle délétère que peuvent avoir les gains de productivité.

Ainsi, nous sommes face à un tissu social hétérogène soumis à la Grande Accélération du monde. Il est facile de concevoir que si l'on introduit un corps hétérogène dans une centrifugeuse, il apparaît un fractionnement entre les parties les plus denses, qui se concentrent en certaines zones, et les parties les moins denses. L'hétérogénéité s'accroît, des lignes de fracture apparaissent et la cohésion de l'ensemble est fragilisée.

Le Grand Essoufflement est le signe annonciateur de craquements systémiques, par l'action combinée des deux facteurs qui fragilisent le tissu social : d'une part, une croissance trop rapide, qui le met en tension, et d'autre part, les inégalités sociales, qui font apparaître des lignes de fracture. Le mouvement des « gilets jaunes » et l'assaut du Capitole à Washington en sont des illustrations spectaculaires. La croissance toujours exponentielle de la technologie numérique dans un monde hétérogène a des conséquences délétères en accentuant les fractures sociales. Une partie de la population décroche, larguée par la trop grande vitesse des changements. Ainsi s'établit un climat favorable au développement de la post-vérité, au populisme, à l'essoufflement de la démocratie. La crainte d'une dislocation de la société renforce les tentations autoritaires. Les démocraties virent de plus en plus à droite, les régimes totalitaires sont confortés et les dictatures prospèrent. La Chine marque des points et veut s'afficher comme exemple pour le monde.

Le Grand Essoufflement semble être la marque de l'impasse où nous mène la Grande Accélération, un dérèglement systémique qui anticipe et se superpose au désastre écologique.

Alors que faire ? Il faudrait RALENTIR. Mais comment freiner cette course mortifère alors que nous sommes coincés entre notre striatum qui en veut toujours plus et l'économie libérale qui, pour survivre, nous en offre toujours plus ? En fait, deux produits convergents du *principe entropique*.

11

La décroissance est-elle possible ?

La poursuite d'une croissance infinie dans un monde fini est physiquement impossible. La croissance, qui nous mènera vers un monde invivable, reste cependant le modèle planétaire hégémonique. Lancés à vive allure vers un obstacle implacable, nous réalisons que notre véhicule est pourvu d'un puissant accélérateur et nous ignorons si le frein peut fonctionner.

La croissance n'est pas tenable

Comme l'a dit l'économiste Kenneth E. Boulding, « celui qui croit qu'une croissance exponentielle peut continuer indéfiniment dans un monde fini est soit un fou, soit un économiste ». Il ne s'agit pas d'une prémonition défaitiste d'un collapsologue déprimé, mais d'un simple constat de bon sens.

L'*énergie*, le combustible du capitalisme, est en quantité limitée. C'est évident pour les *énergies fossiles*, que l'on extrait du sol. C'est vrai pour l'*énergie nucléaire*, qui repose sur l'Uranium, également un minerai en quantité limitée. C'est vrai aussi pour les *énergies* dites *renouvelables*, éolien et photovoltaïque, qui nécessitent des terres rares, lesquelles sont aussi extraites du sol. Tous les minéraux extraits du sol finissent par être de moins en moins abondants. Leur extraction demande de plus en plus d'*énergie*. Il arrivera un moment où l'énergie nécessaire pour les obtenir dépassera l'*énergie* que leur utilisation pourrait fournir. Bien sûr, des innovations technologiques pourront retarder ce moment de bascule, mais pas indéfiniment. Moins d'*énergie*, et aussi moins de matières premières pour des raisons analogues, c'est moins de richesses produites. Tôt ou tard, l'arrêt de la croissance, puis la décroissance, sont inéluctables, que ce soit dans une ou quelques décennies comme l'annonce le mathématicien Yves Cochet[1], ou dans un ou plusieurs siècles.

La décroissance, avant d'être éventuellement un modèle de société, est une contrainte imposée par la Physique, de même que le capitalisme n'est pas un modèle de société (il y en aurait au moins deux, l'américain et le chinois), mais une contrainte économique, imposée par la Thermodynamique.

La transition vers une période de décroissance n'est pas une option, mais une épreuve inéluctable. Le choix qu'il nous reste, c'est que cette épreuve soit volontairement décidée et anticipée, ou subie. Comme l'a écrit Jean-Marc Jancovici, qui est loin d'être un écolo-gauchiste, *« qu'on le veuille ou non, nous n'échapperons pas à la décroissance, et il vaut mieux s'y préparer dès maintenant. »* Il ne s'agit pas d'être *pour* ou *contre* la décroissance, mais d'anticiper ou d'ignorer une épreuve inéluctable.

Le concept de décroissance n'est pas nouveau, il apparaît dès les années 1970. Le mathématicien et économiste d'origine roumaine Nicholas Georgescu-Roegen en a lancé les bases théoriques sur les principes de la Thermodynamique. « Halte à la croissance » fut le cri lancé par le Club de Rome en 1972 à la suite du rapport

---

[1] Yves Cochet, Devant l'effondrement, Les liens qui libèrent, 2019.

Meadows[1], qui prévoyait la fin de la croissance et l'effondrement de nos civilisations thermo-industrielles au cours du XXIe siècle. Depuis un demi-siècle, il existe une mouvance de la décroissance qui a produit une pensée cohérente et proposé les bases d'un modèle de société fondée sur la sobriété, un modèle « d'abondance frugale » selon Serge Latouche[2]. On trouve dans l'ouvrage de Timothée Parrique une revue détaillée de l'histoire et des thèses du mouvement de la décroissance[3].

Cependant, *la croissance reste le modèle hégémonique de toutes nos sociétés*, à la fois dans la réalité économique et dans l'imaginaire collectif. Il est significatif que le mot *décroissance* ne soit pas apparu dans le « projet 2022 » des Écologistes pour la présidentielle. Seule Delphine Batho avait évoqué la décroissance comme solution à la crise climatique, alors que Yannick Jadot préférait prôner une « croissance verte » et qu'Éric Piolle ne se déclarait « ni pour ni contre la croissance ». Lors de la campagne de ces élections présidentielles, les préoccupations concernant le climat et l'avenir de la planète sont arrivées loin derrière le pouvoir d'achat, c'est-à-dire le pouvoir de consommer et donc d'augmenter l'*entropie* du monde. La décroissance semble bien être un sujet tabou, environné d'une auréole sulfureuse. Je n'ai jamais entendu l'économiste de gauche, Thomas Piketty, prendre des distances vis-à-vis de la croissance, lorsqu'il dialogue le vendredi matin sur France inter avec Dominique Seux. Lorsque Aurélien Barrau déclare : « il ne faut pas renoncer à la croissance… la croissance vraie ne pose aucun problème : l'amour, la créativité, l'entraide, la connaissance, les explorations

[1] Donnella Meadows, Dennis Meadows, e.a., *Halte à la croissance ?*, premier rapport du Club de Rome, 1972.

[2] Serge Latouche, *Le pari de la décroissance*, Fayard, 2006.

[3] Timothée Parrique, *Ralentir ou périr*, Seuil, 2022.

artistiques et scientifiques peuvent évidemment croître[1] », les décroissantistes ne disent pas autre chose. Ce qui est visé c'est la *croissance économique,* celle qui augmente l'*entropie*. La grande préoccupation des économistes et des hommes politiques est de savoir si quelques points de croissance seront au rendez-vous. La croissance est censée résoudre les problèmes de chômage, de dette, de pouvoir d'achat. Contrairement à Timothée Parrique, je ne pense pas que la croissance soit un choix. Elle est plutôt un non-choix. Elle est la solution de facilité, la ligne de plus grande pente.

La croissance est censée être une fée miraculeuse. Hors de la croissance, point de salut.

Et pourtant la croissance est intenable à long terme, la croissance nous entraîne vers un monde apocalyptique. Le simple bon sens inciterait à envisager sereinement la décroissance.

La décroissance serait à la fois inéluctable et « impossible » !

Elle est inéluctable pour des raisons liées à la Physique, puisqu'une croissance infinie dans un monde fini est impossible. Mais en même temps elle va à l'encontre de principes liés à la Thermodynamique. Là résident probablement les causes profondes et inconscientes de la réticence générale à envisager la décroissance. Une décroissance choisie serait une sorte de forfaiture, car elle violerait des lois naturelles.

Une décroissance volontaire serait une dissidence thermodynamique.

---

[1] Aurélien Barrau, *Il faut une révolution politique, poétique et philosophique :* entretien par Carole Guilbaud, Zulma, 2022.

On conçoit *qu'un régime de décroissance correspondrait à une diminution de l'efficacité des sociétés humaines à dissiper l'énergie.* Il s'écarterait donc du *principe entropique.* Une économie de décroissance aurait à déroger à l'optimisation thermodynamique qui régule les flux énergétiques. Une sorte de dissidence, source de difficultés qu'il faudrait surmonter.

La discordance entre décroissance et production maximale d'*entropie* se manifeste par les diverses entraves qu'une telle orientation aurait à affronter. On peut les classer en deux catégories.

- *Les difficultés endogènes.* Une politique de décroissance aurait à faire face à l'opposition frontale de tous les lobbys productivistes. Elle se heurterait également à la résistance des individus, dopés à la société de consommation et sous l'emprise de leur striatum, et donc peu enclins au sevrage.
- *Les difficultés exogènes.* Elles se réfèrent à la concurrence économique. Si seulement un, ou quelques États, adoptent une politique de décroissance, alors que les autres persévèrent dans l'économie libérale, ils se retrouveront en situation d'infériorité. Si tous les États de la planète ne décident pas simultanément de pratiquer une politique de décroissance, ceux qui s'en soustrairont bénéficieront d'un net avantage économique et géopolitique. La même affirmation est valable pour les entreprises. Dans un monde concurrentiel, un élément qui ne se plie pas au *principe entropique* est en situation de handicap et finit par disparaître. On rejoint la loi darwinienne de la sélection naturelle. Ces considérations témoignent des difficultés, et de l'inefficacité, d'appliquer un comportement vertueux en l'absence d'un accord général entre nations et d'une gouvernance mondiale.

Nous avons vu que le capitalisme est un système particulièrement robuste, car la recherche du profit maximum est en parfaite adéquation avec le *principe entropique*. La croissance s'inscrit dans cette logique d'optimisation thermodynamique.

La croissance se nourrit de matière, c'est-à-dire de ressources naturelles, et d'*énergie*, très majoritairement depuis deux siècles les *énergies* fossiles. Ces ingrédients étant en quantité finie, la croissance aura nécessairement une fin. L'essoufflement de la croissance observé depuis une quarantaine d'années peut être vu comme une anticipation préconsciente de cette issue inéluctable. Dans le même temps, des artifices sont mis en œuvre pour maintenir au plus haut la production d'*entropie*. Il en est ainsi de la publicité qui, par des procédés virtuels agissant sur l'imaginaire, est capable de booster la consommation, et donc l'activité humaine. C'est aussi ce que permet l'injection de capitaux, c'est-à-dire le *crédit*. Ce procédé, susceptible de relancer la machine économique, n'est pas un flux de matière ni d'*énergie*. Il peut se résumer à un jeu d'écriture, ou d'adjonction de quelques bits sur un compte bancaire informatique. Publicité et crédit sont des agents très efficaces pour booster la production d'*entropie*.

Capitalisme et décroissance

Que devient le capitalisme en l'absence de croissance ?

Pour Éloi Laurent, le capitalisme n'a pas nécessairement besoin de croissance[1]. Son affirmation repose sur l'exemple du Japon. Ce pays se porte relativement bien alors que sa croissance est très faible (1 %). On peut remarquer que cette croissance faible (mais guère plus faible que la nôtre) est compensée par une dette colossale de 250 % du PIB. Dans

[1] Éloi Laurent, *Sortir de la croissance*, Les liens qui libèrent, 2019.

les principales mesures d'un programme de décroissance détaillé par Timothée Parrique aucune ne préconise l'abandon du capitalisme. Cependant avec la nationalisation de secteurs majeurs de l'économie (énergie, chemins de fer, autoroutes, banques…) et un lot de restrictions sévères pour limiter l'impact écologique, c'est un capitalisme très bridé qui subsisterait. Un programme qui limiterait strictement la production d'*entropie* et ne laisserait plus guère de « grain à moudre » au capitalisme. Un programme en opposition frontale avec le *principe entropique.* L'auteur n'aborde pas les conditions de son applicabilité.

L'appétence pour le profit est le moteur de l'économie capitaliste, c'est-à-dire l'économie opérant dans 98 % des États sur terre. On pourrait penser à première vue que la possibilité de profit disparaît avec la croissance. En fait, la réalité semble plus complexe. Au cours des quatre dernières décennies, la croissance dans les pays occidentaux n'a cessé de diminuer, et cependant les fortunes des plus riches, qui reflètent les profits de l'économie, n'ont cessé de croître. Pendant la pandémie de Covid, avec un PIB en net retrait, les bénéfices du CAC 40 ont atteint des sommets. Comment est-ce possible ?

On peut noter qu'une atonie globale du PIB peut cacher de grandes disparités de situations, avec des secteurs en forte croissance (luxe, industrie pharmaceutique, numérique…) alors que d'autres sont en récession. D'un point de vue thermodynamique, pour une quantité donnée d'*énergie* à dissiper, il n'y a aucune raison pour que la répartition des flux soit homogène. Au contraire, les circuits les plus efficaces en dissipation d'*énergie* sont favorisés, conduisant à amplifier la différenciation des flux. Les inégalités de revenu et de patrimoine sont des produits de la loi de maximisation de la production d'*entropie*. On peut dire, de manière imagée, que cette fameuse loi thermodynamique, indifférente à toutes considérations humanistes, préfère « mettre des billes » là où la dissipation d'*énergie* a déjà bien fonctionné, c'est-à-dire du côté des plus fortunés. Une autre manière de dire que *l'argent attire l'argent.* Ces considérations convergent avec le fait que les décennies de faible croissance que nous connaissons sont aussi celles de records d'inégalité sociale. Ainsi le capitalisme peut effectivement se maintenir en période de faible croissance. On a vu pendant la récession des années 30 que le capitalisme était ébranlé. Il a survécu et s'est employé à relancer la croissance. Il s'agissait d'une décroissance subie et incontrôlée, mais limitée dans le temps.

Que deviendrait le capitalisme sans perspective de croissance à long terme ?

Les données historiques montrent que, quelle que soit la situation économique, toutes sortes de tentatives se manifestent afin d'établir des possibilités de production d'*entropie*. Dans les pays du tiers-monde, au sein d'une pénurie générale, se développe néanmoins tout un bouillonnement d'activités (petits travaux et toutes sortes de commerces), entretenant une production d'*entropie*. Les kibboutz, fermes coopératives d'inspiration socialiste, n'ont pas survécu à la mercantilisation de la société et ont assumé leur insertion dans l'économie de marché. Dans les ex-pays dits « socialistes », en dehors du circuit marchand contrôlé par l'État, existaient d'importants réseaux de marché noir. Ces activités peuvent-elles être qualifiées de « capitalisme » ? Pour être « capitaliste », une entreprise doit disposer de stocks, les faire fructifier, les amplifier, en tirer du profit. Est-ce possible dans un contexte général de pénurie et de décroissance ? Eh bien oui, paradoxalement, c'est possible. Cela suppose que l'accroissement des stocks et des richesses se fasse au détriment des plus pauvres, qui le seront plus encore. C'est bien le cas dans des pays tels que le Liban, en plein marasme économique et social, mais avec néanmoins le maintien d'une oligarchie cupide. Dans les pays pauvres, il y a des dominants et des dominés, avec des dominants très riches et des dominés très, très pauvres.

On conçoit que tant que des flux de matière et d'*énergie* pourront approvisionner l'Humanité, la décroissance sera improbable du point de vue de la Thermodynamique.

Il existe cependant des cas où des situations de décroissance ont pu advenir. Il en fut ainsi quand des *évènements de force majeure* ont pris le pas sur l'économie. On peut citer le cas des « économies de guerre », où tous les efforts sont mis pour la sauvegarde d'une nation au détriment de la rationalité économique. Il en fut ainsi durant la pandémie de Covid, où le confinement obligatoire a fait perdre 8 % de PIB à la France. Le « nous sommes en guerre » du président Macron allait de pair avec le « quoi qu'il en coûte », c'est-à-dire l'abandon de la priorité à l'économie.

Mais aussi bien dans le cas des guerres que dans celui d'une pandémie, il est admis qu'il s'agit d'épisodes passagers, à la suite desquels le « monde d'après » sera peu différent du « monde d'avant », et que pourra donc reprendre le *business as usual.*

Lorsque Jean-Marc Jancovici dit qu'il faut se mettre « en économie de guerre » pour parvenir à réduire de 5 % par an nos émissions de gaz à effet de serre, il s'agit bien de se mettre durablement en régime de décroissance.

Est-ce possible ?

Il n'y a pas d'exemple de conversion volontaire à un régime de décroissance sans limites.

L'alarme climatique sera-t-elle l'élément *de force majeure* capable de prendre l'ascendant sur l'Économie, et ceci de manière permanente ? Sa survie étant en cause, l'Humanité sera-t-elle capable d'un sursaut permettant de s'opposer au *principe entropique* ?

12

La longue marche

Depuis le Big-Bang, l'Univers évolue, comme s'il était guidé par l'objectif constant d'augmenter son *entropie*. Un tropisme qui signifie simplement une prédisposition bien naturelle à rechercher pour ses éléments l'arrangement le plus probable. Un but immuable, mais l'itinéraire pour y parvenir n'est pas toujours direct et peut présenter des déviations opportunistes, retours en arrière et compromis, permettant par moments et par endroits des baisses d'*entropie*. C'est dans un tel scénario, complexe et tortueux, que s'inscrivent l'apparition de la vie, l'évolution des espèces, l'émergence d'Homo sapiens, son organisation en sociétés, jusqu'à nos civilisations industrielles.

La gravité thermodynamique vers toujours plus d'*entropie* (deuxième principe) et, dans les *structures dissipatives*, vers un maximum de dissipation d'*énergie* (aussi appelé troisième principe par certains auteurs), a été la force directrice de cette évolution. Après avoir été l'instigatrice de la sélection naturelle, elle a charpenté l'histoire de nos sociétés. Tout ce qui est considéré comme une longue marche de l'Humanité vers le progrès est en fait un processus d'augmentation de l'*entropie*. Chaque étape dans le parcours humain est à la fois un nouvel ajout d'*énergie* dans le système Humanité et une augmentation de l'*entropie* du monde. De la maîtrise du feu à la révolution néolithique, des moulins à vent à la machine à vapeur, de la domestication du cheval aux *énergies fossiles*, des gains de productivité à la loi du marché, il y a une même main invisible, c'est celle de la Thermodynamique. Une main qui a trouvé en Homo sapiens son meilleur bras droit pour accroître l'*entropie* du monde. Un exécutant zélé, inventif et insatiable. La soif de conquêtes semble bien être une caractéristique essentielle de notre espèce. C'est elle qui pousse l'alpiniste à franchir la dernière longueur qui le sépare du sommet. C'est elle aussi qui a permis, en quelques millénaires et par avancées successives, de passer de l'âge du bronze à la civilisation numérique. Elle a aussi façonné l'histoire des hommes en histoire des guerres. La soif de conquêtes, c'est l'expression d'un désir profondément ancré de *toujours plus*, dont l'origine remonte au début de l'évolution des espèces animales, lorsque pour survivre dans un contexte de pénurie il fallait le plus rapidement possible satisfaire des objectifs essentiels. C'est l'histoire du striatum décrite par Sébastien Bohler. Façonné par les sélections naturelles pendant des centaines de millions d'années, le striatum est en fait l'organe exécutif du *principe entropique*. Sa responsabilité dans « le bug humain » est très relative, car il n'est qu'un rouage d'un processus qui remonte au Big-Bang.

Un bref panorama

Cette implacable loi de production maximale d'*entropie* nous a menés dans un monde profondément et de plus en plus inégalitaire, où quelques individus richissimes se déplacent en jets privés sans se soucier de leur impact sur l'environnement, alors que des millions, bientôt des centaines de millions d'humains doivent, dans des conditions épouvantables, fuir leurs terres rendues inhabitables. Nous sommes dans un monde de plus en plus fracturé, où la perspective d'une « fin de l'Histoire » sur une planète apaisée n'est plus qu'une chimère dérisoire. Les tensions entre blocs antagonistes sont de plus en plus vives. L'agression de l'Ukraine par la Russie nous a montré que les pires scénarios sont possibles. L'idée qu'une conscience universelle puisse émerger, fût-ce pour limiter le dérèglement climatique, est aujourd'hui illusoire. Dans de nombreux pays, les forces xénophobes et racistes gagnent du terrain. L'intolérance s'accroît et les thèses identitaires prospèrent. Des nations, comme la France, se segmentent en communautés de plus en plus cloisonnées. Une longue liste affligeante et factuelle ! Mais quel rapport avec le *principe entropique* ? En ce qui concerne les inégalités, le lien est manifeste. Nous avons montré (au chapitre 9) que ce sont les gradients de richesse, donc les inégalités, qui amorcent et provisionnent les activités économiques génératrices d'*entropie*. Quant aux fragmentations et fracturations du monde, elles résultent pour une grande part de la trop grande vitesse du changement imposé par la course effrénée au toujours plus d'*entropie*. La Grande Accélération a atteint des points de rupture, l'édifice humain se fracture. Il faudrait ajouter à cette brève revue l'extrême segmentation sociale que constitue l'individualisme. Celui-ci, versant inséparable de l'Homo œconomicus, est un produit direct de l'économie de marché, et donc du *principe entropique*.

Le *bilan* de ce fameux *principe entropique* est à double face. D'une part, une extraordinaire avancée vers la complexification du monde, de l'enchevêtrement des organisations sociales à l'expansion fulgurante de la sphère numérique : *une baisse de l'entropie*. D'autre part, avec les saccages causés par l'Anthropocène, l'appauvrissement de la vie sur la planète, la stérilisation des sols et le réchauffement climatique : *une montée de l'entropie*. Cette dichotomie est conforme au double mouvement d'augmentation conjointe d'*entropie* et de *néguentropie* entre une *structure dissipative* et son environnement, que nous avions présenté dans un chapitre précédent. Mais elle introduit une fracture majeure. Du fait de la dégradation de son environnement, la survie de la structure est menacée. Une situation somme toute assez ordinaire. En fait, toutes les structures finissent un jour par disparaître, car leur métabolisme a rendu leur environnement impropre à leur prolongation, ou a épuisé leur propre source d'*énergie*. Ainsi, nous savons que la vie du Soleil sous sa forme actuelle prendra fin dans quelque 5 milliards d'années lorsqu'il n'y aura plus assez d'hydrogène pour que l'*énergie* de sa fusion en hélium reste capable de contrebalancer la force de gravité. Mais dans le cas de la biosphère terrestre, l'échéance est très proche, de l'ordre d'une à quelques générations humaines. Nous sommes donc directement concernés.

La décroissance

C'est ce monde sous haute tension, déchiré et fragmenté, qui se trouve confronté aux plus grands défis que le système Humanité ait eu à affronter : une dégradation sans précédent des conditions de vie et le sevrage obligé du combustible qui le maintient en vie. Une seule évidence se dégage : *la décroissance* n'est pas une option, mais l'unique point de passage. À la question : où allons-nous ? La réponse est : « nous irons vers la décroissance », car les plats du grand festin sont à la fois toxiques et en quantité limitée. Le *principe entropique* nous a poussés à dévorer le gâteau plus vite que ne le permettait sa capacité de régénération.

Mais si la décroissance est bien à l'horizon, son vrai visage et le chemin qui y mènera sont entourés d'un halo d'incertitude.

La soumission au *principe entropique* nous a conduits vers un abîme. L'avenir est confus, mais les raisons de la débâcle sont claires et peuvent nous guider pour trouver une voie dans le brouillard. Elles tiennent en quelques mots : *Trop de flux* et *Trop vite,* dont les antonymes nous serviront de boussole pour tenter d'échapper au drame. Nous ne savons pas encore si le Titanic s'échouera sur l'iceberg, mais il reste une chose à essayer : regrouper tous les passagers à bâbord de manière à incliner le navire et possiblement dévier sa trajectoire. Mais les passagers des cabines de luxe accepteront-ils de côtoyer les miséreux qui voyagent sur le pont ?

Dans le même esprit, on peut proposer les grandes lignes de ce qui pourrait être un programme de salut public : *Décroître, Ralentir et Partager.*

Décroître.

Le système Terre subit des ponctions irréversibles. Le 28 juillet 2022, les Terriens avaient consommé tout ce que la Terre peut régénérer en un an. Il faudrait 1,75 Terre pour satisfaire cette consommation de manière durable. Pour la France, c'était le 5 mai. Il faudrait 3 planètes pour compenser la consommation des Français. Chaque année le jour du dépassement est de plus en plus tôt. Chaque année 10 gigatonnes éq.CO_2 sont envoyées dans l'atmosphère, alors que seulement 2 peuvent être régénérées. Alors que faire, sinon prendre le contre-pied de l'injonction sarkosyste « travaillez plus pour gagner plus » (que l'on peut traduire par « produisez le maximum d'*entropie* »).

Consommez moins, produisez moins serait le nouveau marqueur d'une société adulte. En amont de la décroissance, la réduction de l'*énergie* est un passage obligé. C'est bien l'*énergie* dont nous disposons qui commande tout le métabolisme de nos sociétés, lequel détermine notre impact sur la planète, nos modes de vie et la nature de nos relations entre humains et d'humains à non-humains.

Les manettes d'une politique de décroissance sont relativement simples à énoncer : il s'agirait de ne plus activer les stimulateurs de croissance. Pour faire décroître la consommation, plutôt que de viser une réduction du *pouvoir d'achat*, il faudrait s'attacher à réduire le *désir d'achat*. Il suffirait, dans une première étape, de limiter strictement la publicité. La publicité est en effet l'instrument principal de création de besoins toujours renouvelés et non essentiels. Elle est l'instrument, le booster d'une croissance aveugle et sans limites. En priorité seraient visés les produits les plus pollueurs et énergivores (SUV, voyages en avion, consommation de luxe…).

Parallèlement, on pourrait intervenir sur un autre élément utilisé pour renforcer l'activité économique, à savoir le *crédit*, qui serait limité à des investissements éco-compatibles. Avec la même idée de contrecarrer les agents de la croissance, on peut citer la réduction du temps de travail et l'arrêt de la course aux gains de productivité. Deux mesures qui permettraient d'éviter l'explosion du chômage, prophétisée en cas de baisse de l'activité économique.

Tous ces éléments d'incitation à la décroissance font penser aux artifices utilisés pour détacher un alcoolique de son addiction. Mais, en fin de compte, quel est l'élément qui risque de tuer l'alcoolique ? Est-ce l'addiction, qui n'est qu'un conditionnement psychique, ou l'alcool, qui est un poison ? Le traitement prioritaire consiste bien sûr à retirer les bouteilles d'alcool de son voisinage. Dans le cas des sociétés humaines, l'addiction à la surconsommation, qui conduit à la prédation destructive de la planète, doit être contenue. Mais seule l'*énergie* dont dispose le système Humanité permet à cette soif prédatrice d'aboutir. Une politique de décroissance réellement efficace consisterait en une fermeture des robinets de toutes les *énergies* non renouvelables. Il est clair qu'un sevrage trop brutal pourrait avoir des conséquences fâcheuses. C'est pourquoi, plutôt que de préconiser un arrêt immédiat des extractions d'*énergies* fossiles et des centrales nucléaires, il est plus raisonnable de recommander l'abandon de tous nouveaux forages et projets nucléaires. À terme, seules les *énergies solaires* renouvelables sont compatibles avec le respect des équilibres naturels.

Ralentir.

Les humains, et l'on désignera ici par ce terme aussi bien les individus que le genre humain dans son ensemble, ne peuvent plus suivre la cadence des changements imposés par le *principe entropique*. Les dégâts sont sensibles tant au niveau individuel (dépressions, agressivité, perte de sens, adhésions aux thèses complotistes…), qu'au niveau des édifices humains, qui se raidissent et se lézardent.

Face à la Grande Accélération, qui entraîne frustrations, tensions et fractures, il faut RALENTIR dans tous les domaines. Le gouvernement d'Édouard Philippe avait fait un tout petit pas dans cette direction en limitant la vitesse des voitures à 80 km/h. Mesure très modeste, néanmoins rapidement neutralisée par les lobbys productivistes. Une vraie politique de décélération consisterait à réduire le temps de travail. Du temps gagné pour les loisirs, les échanges, la culture, la détente.

Partager.

La justice sociale dans un contexte de croissance consistait en un partage des fruits de la croissance, c'est-à-dire de l'accroissement du gâteau. Un objectif défendu notamment par la social-démocratie, ce qui explique pourquoi cette dernière ne peut pas renoncer à la croissance, car il lui semble que sans croissance il n'y a plus de fruits à distribuer. Dans un contexte d'épuisement de la croissance, il y a de moins en moins d'accroissement du gâteau à répartir. La social-démocratie n'a plus d'objet et Anne Hidalgo en écope les conséquences à la dernière élection présidentielle. C'est au partage du gâteau lui-même qu'il faudra procéder. Un objectif hautement plus ambitieux, qui impliquera une redistribution des patrimoines bien plus conséquente que l'ISF. De plus, cerise sur le gâteau si l'on peut dire, il se trouve *qu'écologie et justice sociale sont des aspirations convergentes.* Couper drastiquement dans les hauts revenus, qui sont les responsables majeurs des dégâts environnementaux est une nécessité écologique. En évitant un yacht de milliardaire, on gagne sur deux tableaux. D'une part, on empêche des pollutions et des émissions de gaz à effet de serre, d'autre part, avec son prix, on peut assurer la rénovation thermique d'un millier d'appartements. Abaisser les plus hauts revenus par la fiscalité jusqu'aux classes moyennes supérieures, permettrait de limiter les consommations les plus énergivores. De plus, par effet mimétique, le mode de vie des élites fortunées sert de modèle à l'ensemble de la population, un modèle dispendieux, poussant aux dépenses toxiques pour la planète. Couper dans les hauts revenus aurait donc un double avantage. Il faudrait aussi strictement limiter les héritages, qui sont des causes majeures de l'accumulation des richesses et la préservation des inégalités.

Vers la post-croissance

Les axes généraux énoncés ci-dessus se retrouvent dans la plateforme programmatique proposée par Timothée Parrique. Il y distingue une période de transition durant laquelle il faudra réduire l'impact écologique. « *Il faudra nécessairement produire et consommer moins pour ralentir l'extraction des ressources naturelles et la pollution des écosystèmes* », de manière à arriver à un stade où « la vitesse économique de consommation-rejet ne dépasse pas la vitesse écologique de régénération-assimilation ». Il faudra planifier la décroissance et aller jusqu'à des nationalisations de certaines entreprises, car « leur contrôle par des actionnaires en attente de retours sur investissement est fondamentalement incompatible avec l'objectif d'une transition écologique par la décroissance ». De même que la croissance a obligatoirement des limites, la décroissance n'est qu'une période de transition vers la *post-croissance*, définie comme « une économie stationnaire en relation harmonieuse avec la nature où les décisions sont prises ensemble et où les richesses sont équitablement partagées afin de pouvoir prospérer sans croissance ». Les entreprises y seront gérées en fonction de trois principes : soutenabilité écologique, convivialité et, en troisième position, productivité. Un projet de jours heureux dans une société apaisée.

L'auteur passe en revue et répond à 12 critiques qui sont faites habituellement au modèle de décroissance. Pour ma part, je pense que les idées énoncées par Timothée Parrique constituent un excellent programme, mais qu'il s'adresse à des humains pour lesquels, selon l'analyse de Sébastien Bohler, le cortex frontal serait parvenu à contrôler le striatum. De tels humains existent, notamment les objecteurs de croissance, des diplômés de grandes écoles qui désertent des jobs destructeurs, les jeunes qui marchent pour le climat… Mais il ne s'agit encore que d'une petite minorité. Ignorer le rôle du striatum sur le comportement humain, c'est ne pas tenir compte du *principe entropique*, qui interviendra d'une manière ou d'une autre.

D'un monde à l'autre

Une application démocratique d'un programme de décroissance demanderait une adhésion massive des populations. L'évidence de l'impossibilité de poursuivre sur la trajectoire actuelle s'imposera de plus en plus, ainsi que la nécessité d'un changement radical nommé

« transition », « révolution », ou encore « bifurcation » écologique, qui nous ferait passer « d'un monde à l'autre » suivant le titre du livre de Nicolas Hulot et Frédéric Lenoir[1]. Mais les cris d'alarme de Greta Thunberg à Davos et d'Aurélien Barrau devant le Medef n'ont pas (encore) retourné les décideurs et Jadot a fait moins de 5 % aux élections présidentielles.

Le problème est que le passage d'un monde à l'autre implique un changement préalable, qui est un changement de l'homme lui-même. Pour la plupart des auteurs qui l'envisagent, la Révolution écologique, qui inclut le saut vers la décroissance, demandera au préalable une mutation du psychisme humain, un passage de l'Homo œconomicus à l'Homo sobrieticus.

Changer l'homme, en le faisant accéder au domaine de la sagesse, n'est-ce pas ce à quoi s'efforcent les philosophes depuis près de 3 millénaires ! Avec des résultats peu convaincants, il faut en convenir.

Mission possible ou impossible ?

A priori les mentalités humaines n'ont pas été programmées une fois pour toutes. La preuve en est qu'elles diffèrent fortement suivant les civilisations et les époques. Quoi de commun entre les manières de penser d'un Inuit et d'un trader de la City, entre un Touareg et une caissière de grande surface ? Ayant eu des ancêtres vivant dans un contexte d'abondance, les bonobos pratiquent l'entraide et l'amour, tandis que leurs cousins chimpanzés, dont les premiers représentants ont dû se battre pour survivre, sont cupides et agressifs. Le problème est que les mentalités sont façonnées par les civilisations et l'on voudrait inverser l'ordre des facteurs, c'est-à-dire changer les mentalités pour changer de civilisation.

---

[1] Nicolas Hulot et Frédéric Lenoir, *D'un monde à l'autre*, Fayard, 2020.

Sébastien Bohler, en pointant le rôle déterminant du striatum dans nos comportements nocifs, a esquissé une possible voie vers un changement des individus. Il faudrait pouvoir museler l'activité du striatum et le mettre sous le contrôle de notre cortex frontal, la région de notre cerveau responsable des fonctions cognitives supérieures telles que la planification et le raisonnement déductif. Mais le striatum a une antériorité de plusieurs centaines de millions d'années dans l'évolution du vivant et demeure le maître. En un mot, « le cortex propose et le striatum dispose ». Sébastien Bohler propose alors une stratégie de contournement. Plutôt que brider le striatum, le reprogrammer. Ainsi l'altruisme et la frugalité pourraient être tout aussi susceptibles que l'égoïsme et le *toujours plus* d'activer la zone du plaisir. Le chien de Pavlov, après un conditionnement approprié, pouvait saliver au son de la sonnette tout autant qu'à la vue de la nourriture. De même, un apprentissage social consistant à valoriser *dès l'enfance* des comportements altruistes est susceptible de reconfigurer le striatum, le rendant capable de générer du plaisir en présence d'actes de générosité. Ce que propose Sébastien Bohler serait en fait un moyen de s'opposer au *principe entropique* en changeant l'homme par reprogrammation de son striatum. Le changement des mentalités humaines, qu'il soit obtenu par reconditionnement du striatum ou par les adjurations de Greta Gunther et Aurélien Barrau, est une condition préalable pour nous faire transiter vers une civilisation de la frugalité et de l'entraide.

On ne peut pas changer l'homme sans changer la société et on ne peut pas changer la société sans changer l'homme !

Constat consternant qui semble nous enfermer dans un enclos définitif ! Mais en réalité la situation n'est pas complètement bloquée, car la société change, même si l'homme n'est pas le moteur du changement. Elle change parce que son alimentation en *énergie* n'est pas constante. Dès le début de son épopée, l'Humanité a su trouver des astuces pour améliorer ses conditions de vie. C'est probablement cette inventivité qui la distingue des autres espèces animales. Améliorer les conditions de vie a consisté, pendant la grande majorité de son existence, à introduire plus d'*énergie* dans la boîte Humanité. Le passage à une alimentation carnée a permis d'augmenter la quantité de calories disponibles. Puis des progrès dans les techniques de chasse, la maîtrise du feu et la cuisson des aliments, la révolution néolithique, l'utilisation de la force motrice des animaux, la machine à vapeur, les *énergies* fossiles..., l'*énergie* dans la boîte Humanité, par étapes successives, n'a cessé de croître, jusqu'à la situation actuelle. À chaque étape a été associée une manière de gérer les relations humaines, une manière de concevoir le monde et une empreinte particulière sur les mentalités. Dans une perspective de décroissance, c'est-à-dire de moins d'*énergie* injectée dans la boîte Humanité, il faut s'attendre à des changements majeurs dans les rapports entre les humains, leur relation au futur et leur psychologie. Dans quelle direction ces changements iront-ils ? Bien difficile d'affirmer si le curseur se déplacera vers la coopération et l'entraide ou la compétition et le chacun pour soi !

Compétition ou entraide ?

Nous n'échapperons pas au *principe entropique*, mais celui-ci n'a pas la rigidité de la mécanique céleste. En particulier, la compétition style *struggle for life* n'est pas la seule voie de sélection naturelle. Comme l'ont souligné Pablo Servigne et Gauthier Chapelle[1], il existe un autre

[1] Pablo Servigne et Gauthier Chapelle, *L'entraide, l'autre loi de la jungle*, Les liens qui libèrent, 2019.

mécanisme, tout aussi puissant, qui gouverne l'évolution du vivant. Dans toute la chaîne qui va des bactéries à l'espèce humaine, *l'entraide* a joué un rôle fondamental. « Depuis 3,8 milliards d'années, le vivant a développé mille et une manières de s'associer, de coopérer, d'être ensemble, ou carrément de fusionner ». Pierre Kropotkine a été le premier à proposer que l'entraide pût être un mécanisme de sélection du vivant (1902). Cette théorie ne contredit pas la sélection darwinienne basée sur la compétition et la prédation. Elle la complète. La compétition sélectionne les individus les plus performants. Mais au sein d'un groupe, ce sont les individus les plus altruistes qui rendent le groupe plus performant. L'altruisme au sein d'un groupe l'emporte sur l'égoïsme lorsque ce groupe est soumis à compétition sélective avec d'autres groupes. Comme le résume Edward O. Wilson, l'inventeur de la sociobiologie : l'égoïsme supplante l'altruisme au sein d'un groupe, mais lorsque les groupes sont en compétition, les groupes altruistes supplantent les groupes égoïstes. Il existe « une tension permanente entre ce qui est bénéfique pour l'individu et ce qui est bénéfique pour le groupe. Le vivant apparaît comme un équilibre dynamique entre compétition et coopération qui se joue à plusieurs niveaux de sélection enchevêtrés et interdépendants ».

L'entraide entre les individus est d'autant plus forte qu'ils se trouvent dans un environnement plus hostile. Les individus seront plus enclins à coopérer lorsque leur survie est en jeu. On peut dire aussi que les groupes au sein desquels l'esprit d'entraide est le plus fort auront plus de chance de survivre. Par contre, dans les sociétés d'abondance, l'entraide devient inutile et l'égoïsme prend le dessus. Une cause, certainement, du succès de l'individualisme dans nos sociétés.

Mais dans les sociétés de sobriété qui vivront la décroissance, le curseur devra se déplacer vers l'entraide. Plutôt que de « jouer perso », les individus auront tout intérêt à « se serrer les coudes ». C'est en général ce qu'on observe dans les cas de catastrophes naturelles. La sélection naturelle devrait acter la primauté de l'intérêt du groupe devant celui de l'individu.

Se « serrer les coudes », oui, mais avec qui et jusqu'où ? La grosse incertitude concerne la nature et les dimensions du groupe au sein duquel s'opérera l'entraide. On peut envisager toute une gamme de possibilités : la famille, la communauté, le quartier, le clan, la région, la nation, l'Europe, l'Humanité tout entière. Il est clair que l'endroit où se situeront les limites de la solidarité revêt une importance capitale. Entre les replis identitaires, communautaires ou nationalistes, et les ouvertures humanistes et altruistes, les perspectives sont totalement antipodiques. Montesquieu l'avait pressenti lorsqu'il écrivait « Si je savais quelque chose qui me fût utile et qui fût préjudiciable à ma famille, je le rejetterais de mon esprit. Si je savais quelque chose utile à ma famille et qui ne le fût pas à ma patrie, je chercherais à l'oublier. Si je savais quelque chose utile à ma patrie et qui fût préjudiciable à l'Europe, ou bien qui fût utile à l'Europe et préjudiciable au genre humain, je la regarderais comme un crime. »

Principe entropique et bien-être humain

Principe entropique et bien-être humain ont toujours entretenu une relation contrastée. À l'origine, comme tous les vivants, les humains sont des enfants du *principe entropique.* Sans ce dernier, on ne parlerait ni d'humains ni de bien-être humain. On peut relier la recherche de bien-être aux activités du striatum, lequel dans la grande Histoire du vivant a pour mission de perpétuer l'espèce, sous le contrôle du *principe entropique*. La recherche de bien-être relève donc du *principe entropique*. Cependant, elle est une quête individuelle, tandis que l'augmentation d'*entropie* est une propension globale. Ces deux appétences peuvent donc parfois se trouver en opposition.

Ainsi la révolution néolithique a sans aucun doute entraîné une nette croissance de l'*entropie*, alors que les conditions de vie de la majorité des individus se sont dégradées. De même à l'avènement du capitalisme, que nous avons décrit comme une transition de phase provoquée par le processus de maximisation de production d'*entropie*, les conditions de vie des premiers prolétaires étaient absolument déplorables. Par la suite, grâce au développement économique, et donc à la production d'*entropie*, les niveaux de vie se sont élevés, et dans l'ensemble aussi le bien-être humain. La mondialisation, dernière trouvaille du *principe entropique*, a produit une croissance spectaculaire de l'*entropie*. Avec sans doute des résultats positifs pour le bien-être de certaines populations. Mais, avec des conséquences délétères grandissantes, elle est aujourd'hui de plus en plus remise en cause. De même le dogme d'une croissance sans limites, interprète zélé du *principe entropique*, nous mène vers un avenir angoissant.

Peut-on résister au principe entropique ?

De fait, la résistance au *principe entropique* est générale et quotidienne. Elle est peut-être une caractéristique de notre espèce. Ainsi la pratique de la contraception, en limitant les naissances, est une entrave au *principe entropique*. Il en est de même du fait de soigner les personnes handicapées et les retraités, des individus qui ne participent pas, ou peu, à l'augmentation de l'*entropie*. En luttant contre le report de l'âge de la retraite, les salariés s'opposent au *principe entropique*. Il est remarquable que la plupart des avancées sociales et sociétales, c'est-à-dire vers plus de bien-être humain, aient été obtenues par des luttes contre le *principe entropique*. Ainsi furent menées les luttes syndicales des XIXe et XXe siècles contre le travail des enfants, pour la diminution de la durée du travail, puis pour des congés payés. Toutes ces améliorations des conditions de vie ont été acquises au détriment d'une production d'un maximum d'*entropie*.

Aujourd'hui, le combat des écologistes contre le saccage productiviste de la planète s'inscrit dans cette lignée de résistance au *principe entropique*. La « nouvelle classe écologique », telle que la définissent Bruno Latour et Nikolaj Schultz[1], prolonge la lutte de la classe prolétarienne pour la défense du bien-être humain. Ces deux classes sont bien sûr fort différentes, mais elles ont un ennemi commun : les profiteurs du *toujours plus* de production-consommation, c'est-à-dire de l'augmentation sans fin de l'*entropie* du monde, avec ses conséquences désastreuses. La classe des prolétaires rêvait d'un paradis sur Terre pour les générations futures, les écologistes espèrent leur éviter un enfer sur Terre. Les différentes luttes contre le *principe entropique* peuvent marquer des points, obtenir des succès vers plus de bien-être humain. Mais est-il possible de parvenir à une victoire globale et systémique, qui concernerait l'ensemble du métabolisme de la boîte Humanité ? C'est évidemment l'enjeu des prochaines décennies, et dont dépendra l'avenir de l'Humanité.

[1] Bruno Latour et Nikolaj Schultz, *Mémo sur la nouvelle classe écologique*, Les Empêcheurs de penser en rond, 2022.

13

Où allons-nous ?

Dans l'infinie complexité du monde, il est néanmoins possible de dégager une trame conductrice relativement simple. Celle-ci tient essentiellement en deux éléments : le *toujours plus* entropique et la débauche énergétique. La subordination au *principe entropique* est une contrainte forte qui, sous différents visages – sélection naturelle, appétence du striatum, loi du marché, gain de productivité, etc. – désigne des voies privilégiées pour l'écoulement du flux évolutif vers un *toujours plus* de production d'*entropie*. Conjointement, l'*énergie* est le tracteur obligé de ce flux. Les énergies extrahumaines, initiées avec la maîtrise du feu, ont explosé avec l'exploitation des *énergies fossiles*. Cette boulimie énergétique a été, éventuellement et dans un premier temps, bénéfique au système Humanité en le peuplant de 8 milliards d'individus, dont plus de la moitié connaît une certaine joie de vivre. Mais ceci au prix d'un saccage catastrophique du monde non humain. Il est clair aujourd'hui que, d'une part cette gabegie nous mène dans une impasse mortifère, et que d'autre part l'ère de la surpuissance énergétique prendra fin dans moins d'un siècle. Soit parce que les humains décident un sevrage volontaire et contrôlé, soit en l'absence d'une telle décision, par suite de l'épuisement des ressources.

La prise de conscience du mécanisme qui régit notre histoire et notre présent peut-elle nous permettre d'appréhender le futur ? À vrai dire, la boîte Humanité est un système ouvert, hors d'équilibre. Ces systèmes conduisent à des comportements chaotiques, dont l'évolution est imprévisible à moyen terme. Citons l'exemple familier des prévisions météorologiques. On connaît les équations qui gouvernent l'évolution des masses atmosphériques. Mais pour une prévision fiable, il faudrait connaître les paramètres de la situation actuelle avec une précision infinie. Ce qui est impossible. Au-delà de quelques jours, les prévisions sont illusoires. On peut par contre avoir une idée de l'évolution du climat à long terme. Le climat est une sorte de moyenne statistique des différentes possibilités météorologique. On ne peut pas connaître le temps qu'il fera à Paris dans un mois, mais on peut dire que dans 50 ans la température moyenne y sera plus élevée de 1 à 2 degrés. De même, ce qui est prévisible dans le cas du système Humanité, c'est qu'à long terme nos civilisations thermo-industrielles ne pourront pas perdurer face à la raréfaction de l'*énergie* et des matières premières, aux conséquences du dérèglement climatique, à l'appauvrissement des sols. Une ou plusieurs mutations se produiront. Mais les scénarios intermédiaires sont très incertains.

Les *structures dissipatives*, en tant que systèmes ouverts, ne tendent pas vers un état d'équilibre. Mais si le flux énergétique qui les alimente est constant, il s'établit un régime stationnaire, c'est-à-dire un comportement présentant des régularités temporelles. Si tel était le cas pour la boîte Humanité, une certaine prévisibilité du futur serait possible en se basant sur les expériences passées. D'ailleurs, il a semblé qu'il existait certaines périodicités dans les crises économiques. Cependant, il est plus généralement admis que « l'Histoire ne repasse pas les plats ». C'est qu'en réalité le flux d'*énergie* qui nourrit la boîte Humanité n'est pas constant. Depuis le début de la révolution industrielle, jusqu'à la fin du XXe siècle, le flux n'a cessé d'augmenter. Au cours du XXe siècle, à l'échelle de la planète, la consommation d'*énergie* a été multipliée par 10. Aujourd'hui, un tournant s'amorce. On entrevoit un essoufflement du flux, puis une décroissance, soit parce que l'extraction d'un élément (comme le pétrole conventionnel) a atteint un pic physique, soit parce qu'elle se révèle trop toxique pour la planète. Dans ces conditions, il n'y a pas d'état stationnaire à attendre à moyen terme, mais une cascade d'instabilités et bifurcations, rendant les anticipations très peu fiables. Nul ne peut dire si l'Humanité ne sera pas anéantie par une guerre nucléaire dans 6 mois ou dans 20 ans. Cependant, de même que la croissance ne peut être infinie, la décroissance tendra aussi vers une limite, qui sera celle imposée par les possibilités de régénération de la planète. Alors, on peut concevoir des sociétés fonctionnant sur un mode économique stationnaire. Il existe toute une littérature sur les modèles de société pour la post-croissance.

On peut imaginer l'Humanité du futur pourvue d'une conscience universelle et pratiquant l'entraide. Une communauté humaine adaptée à un régime stationnaire, n'utilisant que l'*énergie solaire*, recyclant tous ses emprunts au système Terre, et vivant sur un mode ralenti pour augmenter le moins possible l'*entropie* du monde. Le projet de société post-croissance le plus élaboré est présenté dans l'ouvrage récent de Timothée Parrique. Projet reposant sur l'entraide et promettant la « prospérité sans croissance » par une « sobriété heureuse ». Face au triste avenir que laissent présager les effondrements annoncés par les collapsologues, il est réconfortant d'entendre qu'un « autre monde est possible ». Le problème est qu'entre la réalité d'aujourd'hui et la réalité utopique de demain, il y a une zone obscure, marécage brumeux à la traversée très incertaine. Comme souvent, l'objectif est pointé avec une certaine précision, mais les voies pour y parvenir demeurent dans un flou artistique. Rappelons que le chemin vers l'avenir radieux que promettait le communisme a conduit à une réalité cauchemardesque.

Une transition vers un monde d'entraide semble aujourd'hui une pure utopie. Pourrait-on néanmoins entrevoir une piste possible vers cette transition ? Il existe deux niveaux de réponses à cette question.

À partir de la situation actuelle. Aucun indice aujourd'hui ne laisse présager l'émergence d'une conscience solidaire à l'échelle planétaire. L'ONU paralysée par les rivalités entre les membres permanents du Conseil de Sécurité est impuissante, tandis que montent les tensions, ruptures et affrontements internationaux, et s'amplifient les oppositions et segmentations à l'intérieur des nations. Les partis identitaires et xénophobes progressent dans de nombreux pays. À défaut d'une entente globale, l'Europe pourrait être notre territoire d'entraide. Si elle a pu maintenir une certaine solidarité face à l'agression de l'Ukraine, le problème de l'accueil des réfugiés et migrants sera la pierre d'achoppement décisive. On ne peut pas prévoir si l'optimisation entropique penchera vers l'ouverture en élargissant la sphère d'entraide, ou vers le verrouillage des frontières en exacerbant les tensions et risques d'affrontements. Et rappelons-nous les paroles de Montesquieu : « si je savais quelque chose qui fût utile à l'Europe et préjudiciable au genre humain, je la regarderais comme un crime ».

En se plaçant sur la trajectoire de décroissance. À mesure de la baisse de l'apport énergétique dans la boîte Humanité, on doit s'attendre à une évolution des mentalités. Ainsi que nous l'avons noté, le niveau d'*énergie* dans la boîte Humanité a été dans l'Histoire un déterminant du type de société. Cela ne signifie pas qu'en repassant au niveau d'avant les *énergies* fossiles on retrouverait l'avantcapitalisme avec les sociétés agraires. En effet, une énorme quantité d'informations a été introduite dans nos civilisations. Contrairement à l'énergie, l'information n'est pas dégradée après utilisation. Même si les quantités d'énergie par habitant devaient être du même ordre de grandeur les sociétés des XXII et XXIIIe siècle seront très différentes de celles du XVIIIe. L'apport de l'information, de l'informatique et du numérique sera un élément nouveau et décisif.

Le problème fondamental qui se pose est de savoir s'il est possible de résister au *principe entropique.* Il est entendu qu'à « la fin des temps », l'entropie aura le dernier mot[1]. Mais « la fin des temps » c'est bien loin, et à vrai dire, cela ne concerne pas le devenir de l'Humanité, qui aura disparu bien avant ! La question est alors la suivante : dans le modeste laps de temps qui nous est imparti, est-il possible de concevoir une pause du *principe entropique*, c'est-à-dire une rémission de la course au *toujours plus*, de la compétition effrénée et de la prédation sur la planète ? Autrement dit, « l'ensemble Humanité » est-il capable de produire en lui un instinct de survie planétaire ? L'instinct de survie, comme les autres instincts primaires, est une condition de la présence et de la persistance du règne du vivant. Ce dernier étant un produit du *principe entropique*, on peut donc dire que l'instinct de survie est aussi un dérivé du *principe entropique*. On peut présumer qu'il a procuré un avantage évolutif aux espèces dans lesquelles il était le plus développé. Au cours de l'évolution du vivant ont été sélectionnées les espèces les plus aptes à manifester un instinct de survie. Si la mise en veilleuse du *principe entropique* permettait de sauver l'Humanité, à terme celui-ci y trouverait son compte, car la disparition de l'Humanité serait une perte pour l'augmentation de l'*entropie*. En effet, les activités humaines, mêmes amputées de ce qui concerne

[1] Brian Greene, *Jusqu'à la fin des temps*, Flammarion, 2020.

la dégradation irréversible de la planète, contribuent à cette augmentation.

Le problème avec « l'ensemble Humanité » est qu'il est unique. Il n'a pas été sélectionné parmi un ensemble « d'ensembles Humanité » pour sa meilleure aptitude à l'instinct de survie. Le comportement ultime de l'Humanité en tant qu'espèce globale, face au défi écologique planétaire, n'est pas écrit. L'avenir est multiforme, avec probablement un morcellement de possibles. Le *principe entropique* est toujours actif, mais il a créé un tel enchevêtrement de structures et sous-structures, soumises à une myriade « d'effets papillon », qu'on ne peut pas prévoir la météo qu'il nous réserve.

Dans le frimas des lendemains, nous, êtres humains, éléments de base de cette phénoménale construction chaotique, que pouvons-nous faire ? Que devient notre libre arbitre face à la persistance tenace du *principe entropique* ? Notre destinée est-elle scellée par un déterminisme impitoyable ?

Peut-être pouvons-nous répondre que, paradoxalement, dans ce paysage tourmenté, l'apparente incohérence de l'évolution nous redonne des degrés de liberté. Comme lorsque de la pagaille d'une mêlée de rugby, on voit surgir un joueur avec le ballon de la victoire.

Nous-mêmes, *structure dissipative* soumise à des flux variables de contraintes et d'informations, échappons au déterminisme primaire. Nous avons une capacité d'agir, et surtout nous avons la capacité de comprendre avant d'agir. Le *principe entropique* est toujours présent, de même que la pesanteur sur terre est une donnée irréductible. Nous ne pouvons pas la supprimer. Toutefois, avec les montgolfières, les avions, les parapentes nous pouvons la vaincre localement et temporairement. Des hommes ont même pu vivre plusieurs mois en état d'apesanteur (mais ça n'était pas vraiment sur Terre). Nous avons accepté que l'influence de l'attraction terrestre sur nos vies soit une donnée indépassable. COMPRENDRE que nous sommes soumis à la machinerie tentaculaire du *principe entropique*, cette main invisible qui a tout ordonné, n'est-ce pas le premier pas pour en atténuer les effets les plus délétères, et même, comme au judo, tenter d'en tirer des bénéfices pour les générations futures !

Liste des ouvrages cités

Aurélien Barrau, *Il faut une révolution politique, poétique et philosophique : entretien par Carole Guilbaud*, Zulma, 2022.

Stuart Bartlett et Michael Wong, « Defining Lyfe in the Universe: From Three Privileged Functions to Four Pillars », *Life*, vol. 10, n° 4, 16 avril 2020, p. 42.

Sébastien Bohler, *Le Bug humain*, Robert Laffont, 2019.

Sébastien Bohler, *Où est le sens ?* Robert Laffont, 2020.

Sébastien Bohler, *Human Psycho*, Bouquins, 2022.

Olivier Bonfond, *Il faut tuer TINA*, Éditions du Cerisier, 2017.

Lucas Chancel, Thomas Piketty, Gabriel Zucman et Emmanuel Saez, *Rapport sur les inégalités mondiales 2022 (World Inequality Lab)*, Seuil

Yves Cochet, Devant l'effondrement, Les liens qui libèrent, 2019.

Daniel Cohen, *Le Monde est clos et le désir infini*, Albin Michel, 2015.

Daniel Cohen, *Homo Numericus*, Albin Michel, 2022.

Philippe Descola et Alessandro Pignocchi, *Ethnographie des mondes à venir*, Seuil, 2022.

Guy Deutscher, *Entropy and Sustainable Growth*, World Scientific, 2018.

Guy Deutscher, *Quelle croissance pour un monde fini ?* EDP sciences, 2017.

David Elbaz, *La plus belle ruse de la lumière*, Odile Jacob, 2021.

Jérôme Fourquet, *L'Archipel français*, Points, 2019.

Nicholas Georgescu-Roegen, *La Décroissance*, Le Sang de la Terre, 2006.

Brian Greene, *Jusqu'à la fin des temps*, Flammarion, 2020.

Nicolas Hulot et Frédéric Lenoir, *D'un monde à l'autre*, Fayard, 2020.

Paul Jorion, *Se débarrasser du capitalisme est une question de survie*, Fayard, 2017

Serge Latouche, *Le pari de la décroissance*, Fayard, 2006.

Bruno Latour et Nikolaj Schultz, *Mémo sur la nouvelle classe écologique*, Les Empêcheurs de penser en rond, 2022.

Éloi Laurent, *Sortir de la croissance*, Les liens qui libèrent, 2019.

Donnella Meadows, Dennis Meadows, e.a., *Halte à la croissance ?*, premier rapport du Club de Rome, 1972

Branko Milanovic, *Le Capitalisme, sans rival*, La Découverte, 2020.

Timothée Parrique, *Ralentir ou périr*, Seuil, 2022.

René Passet, *Les grande représentations du monde et de l'économie*, Les liens qui libèrent, 2010

Thomas Piketty, *Le Capital au XXI*e *siècle*, Seuil, 2013.

Thomas Piketty, *Une brève histoire de l'égalité*, Seuil, 2021.

François Reynaert, *La grande histoire du monde*, Fayard, 2010.

François Roddier, *Thermodynamique de l'évolution*, Parole Éditions, 2012.

Walter Scheidel, *Une histoire des inégalités*, Actes Sud, 2021.

Pablo Servigne et Gauthier Chapelle, *L'entraide, l'autre loi de la jungle*, Les liens qui libèrent, 2019.

Laurent Testot, *Cataclysmes*, Payot, 2017.

Table des matières

.Remerciements

Pour lecture critique et constructive du manuscrit, remerciements chaleureux à Françoise Alardet, Renée et Serge Collet, Olga Nechtschein, Jacques Perrin, Evelyne Reinhart, Michel Petroff, Max Verdone, Ferdinand Volino.

Et avec une reconnaissance particulière envers Anne Marie Lessens-Porte pour ses encouragements participatifs et Augusta Habas pour son aide émérite à la concrétisation de cet ouvrage.

Structures éditoriales du groupe L'Harmattan

L'Harmattan Italie
Via degli Artisti, 15
10124 Torino
harmattan.italia@gmail.com

L'Harmattan Hongrie
Kossuth l. u. 14-16.
1053 Budapest
harmattan@harmattan.hu

L'Harmattan Sénégal
10 VDN en face Mermoz
BP 45034 Dakar-Fann
senharmattan@gmail.com

L'Harmattan Cameroun
TSINGA/FECAFOOT
BP 11486 Yaoundé
inkoukam@gmail.com

L'Harmattan Burkina Faso
Achille Somé – tengnule@hotmail.fr

L'Harmattan Guinée
Almamya, rue KA 028 OKB Agency
BP 3470 Conakry
harmattanguinee@yahoo.fr

L'Harmattan RDC
185, avenue Nyangwe
Commune de Lingwala – Kinshasa
matangilamusadila@yahoo.fr

L'Harmattan Congo
219, avenue Nelson Mandela
BP 2874 Brazzaville
harmattan.congo@yahoo.fr

L'Harmattan Mali
ACI 2000 - Immeuble Mgr Jean Marie Cisse
Bureau 10
BP 145 Bamako-Mali
mali@harmattan.fr

L'Harmattan Togo
Djidjole – Lomé
Maison Amela
face EPP BATOME
ddamela@aol.com

L'Harmattan Côte d'Ivoire
Résidence Karl – Cité des Arts
Abidjan-Cocody
03 BP 1588 Abidjan
espace_harmattan.ci@hotmail.fr

Nos librairies en France

Librairie internationale
16, rue des Écoles
75005 Paris
librairie.internationale@harmattan.fr
01 40 46 79 11
www.librairieharmattan.com

Librairie des savoirs
21, rue des Écoles
75005 Paris
librairie.sh@harmattan.fr
01 46 34 13 71
www.librairieharmattansh.com

Librairie Le Lucernaire
53, rue Notre-Dame-des-Champs
75006 Paris
librairie@lucernaire.fr
01 42 22 67 13

www.ingramcontent.com/pod-product-compliance
Lightning Source LLC
LaVergne TN
LVHW051351061026
849535LV00009B/3120